AF481405

MEIN NAME IST:

Linien

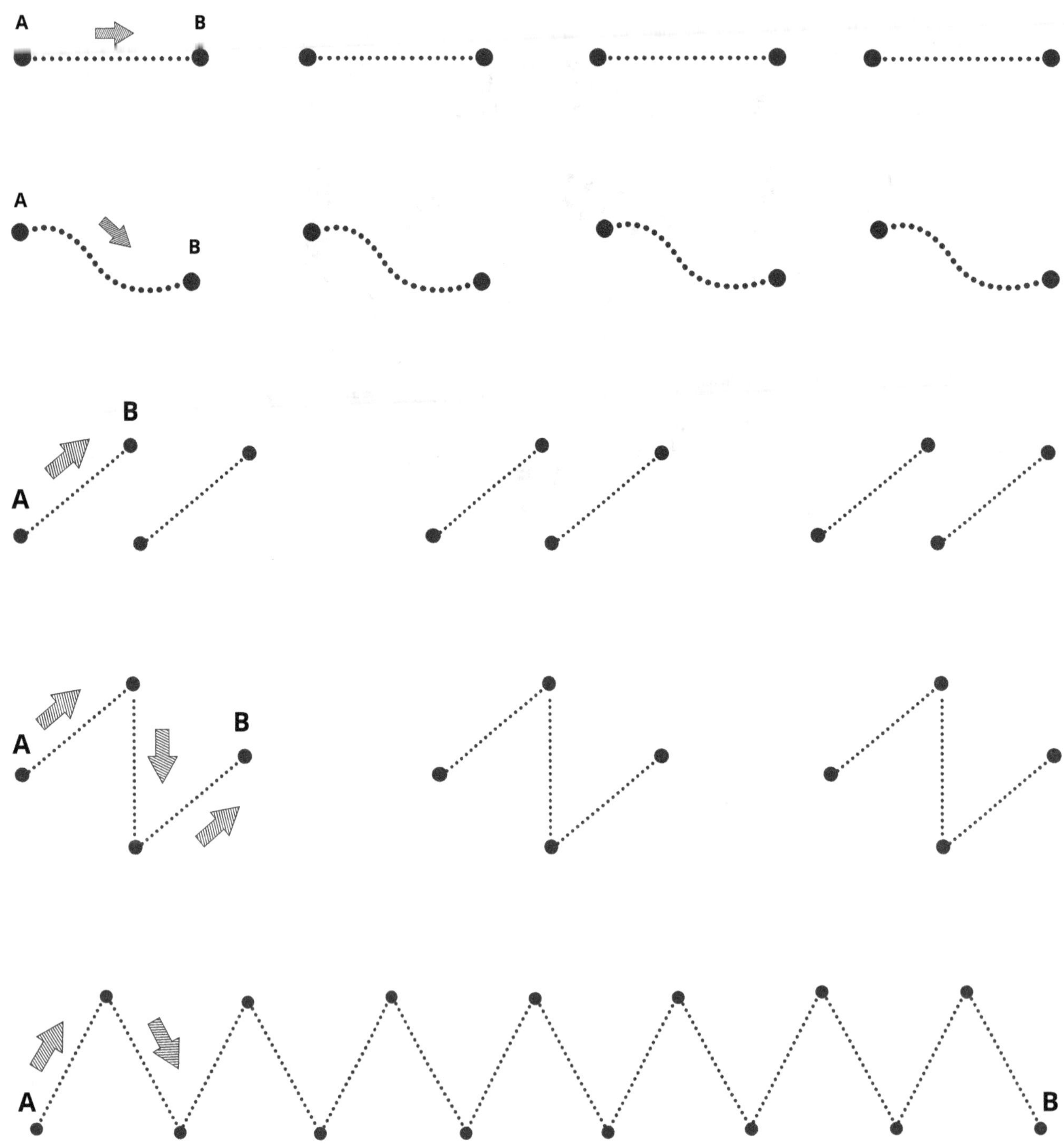

Formen

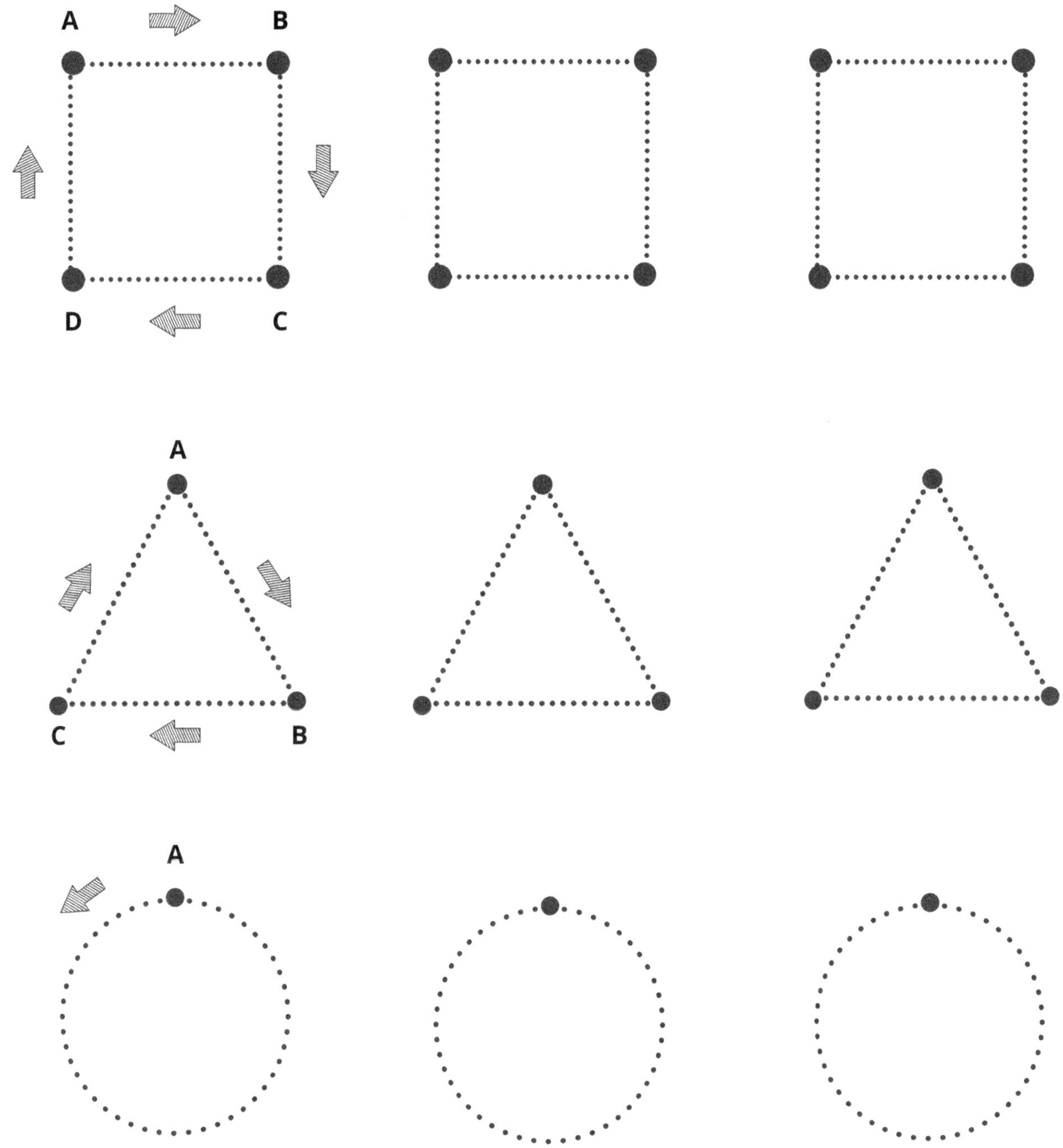

Das Alphabet

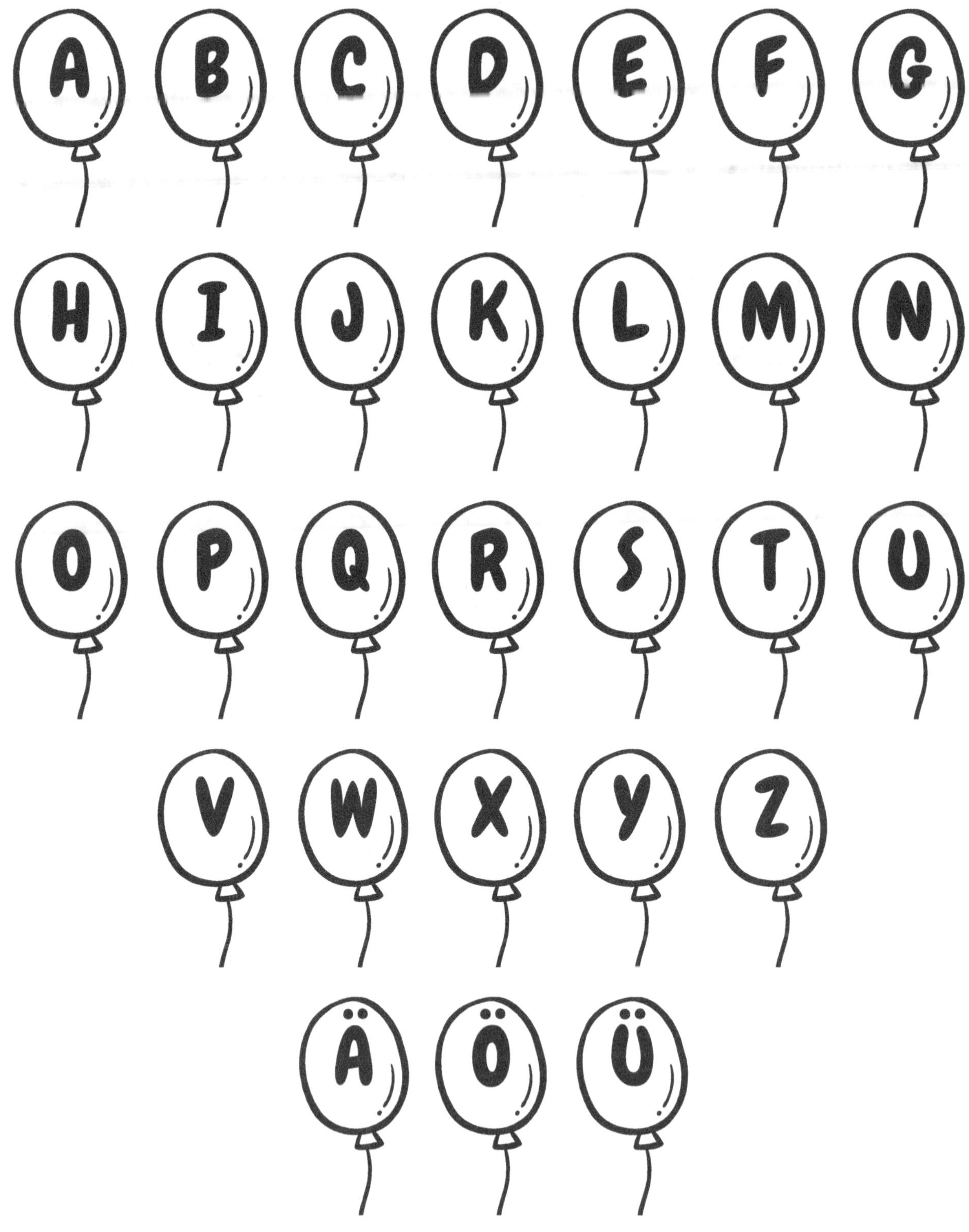

Apfel

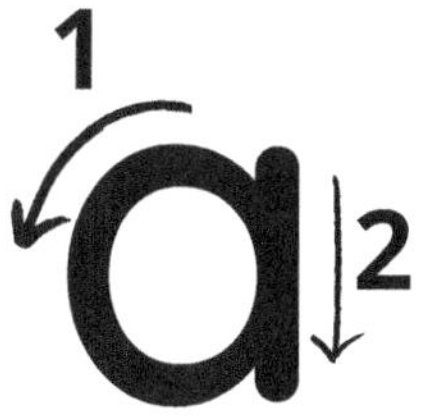

Apfel

A A A A A A A A A A

A A A A A A A A A A

a a a a a a a a a a

a a a a a a a a a a

A A B C D E F G H I J K L M N O P Q R S T U V W X Y Z

A A A A A A A A

A A A A A A A A

a a a a a a a a

a a a a a a a a

A A A A A A A A

A A A A A A A A

a a a a a a a a

a a a a a a a a

A A B C D E F G H I J K L M N O P Q R S T U V W X Y Z

Auto

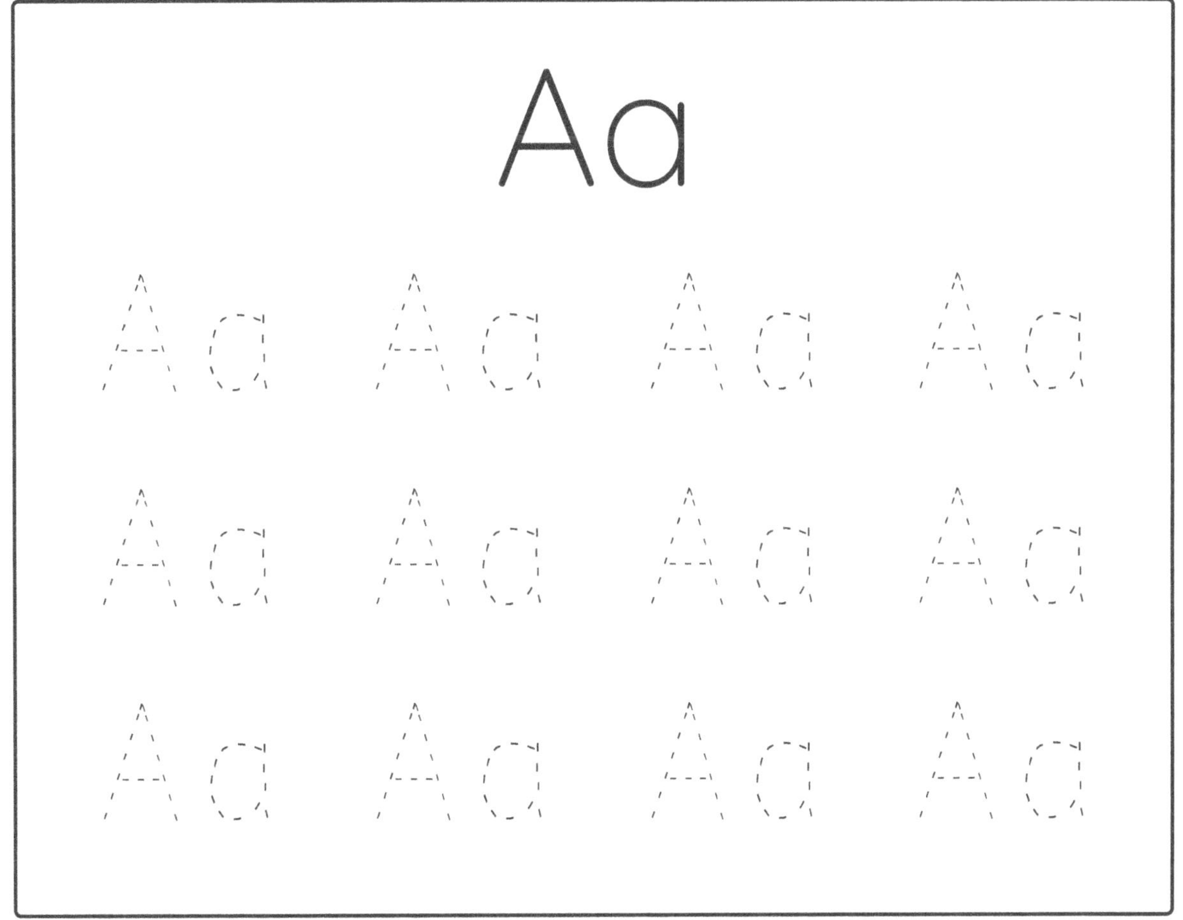

Auto

Aa

Aa Aa Aa Aa
Aa Aa Aa Aa
Aa Aa Aa Aa

A A B C D E F G H I J K L M N O P Q R S T U V W X Y Z

Blume

A **B** C D E F G H I J K L M N O P Q R S T U V W X Y Z

B B B B B B B

B B B B B B B

b b b b b b b

b b b b b b b

B B B B B B B

B B B B B B B

b b b b b b b

b b b b b b b

A **B** C D E F G H I J K L M N O P Q R S T U V W X Y Z

Ball

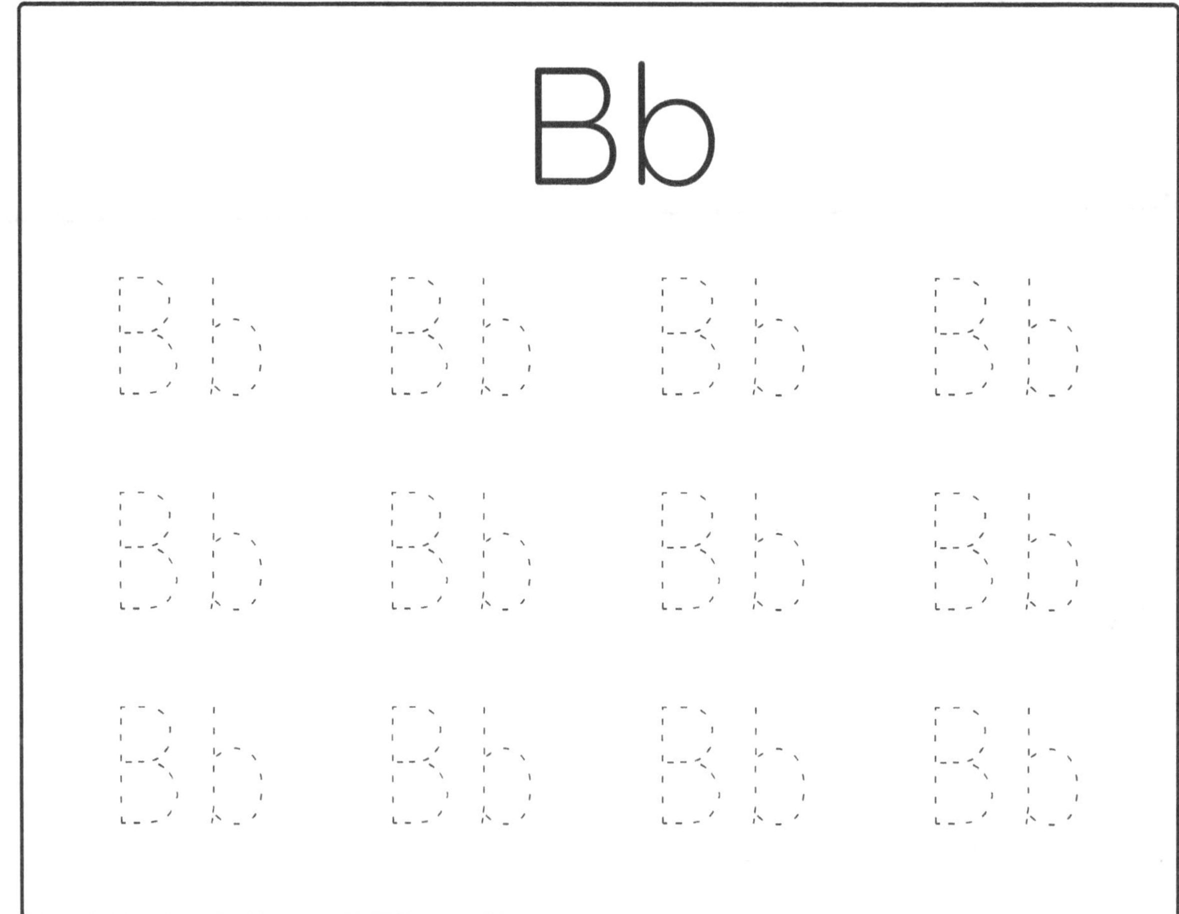

Ball

Bb

Bb Bb Bb Bb

Bb Bb Bb Bb

Bb Bb Bb Bb

A **B** C D E F G H I J K L M N O P Q R S T U V W X Y Z

Clown

A B **C** D E F G H I J K L M N O P Q R S T U V W X Y Z

C C C C C C C C

C C C C C C C C

c c c c c c c c

c c c c c c c c

C C C C C C C

C C C C C C C

c c c c c c c

c c c c c c c

A B **C** D E F G H I J K L M N O P Q R S T U V W X Y Z

Cello

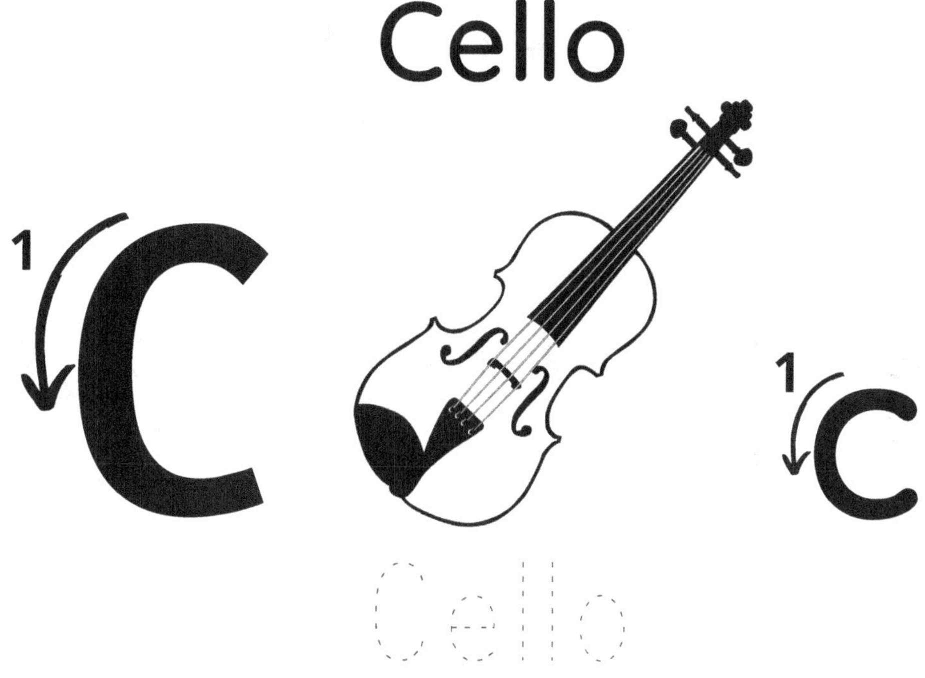

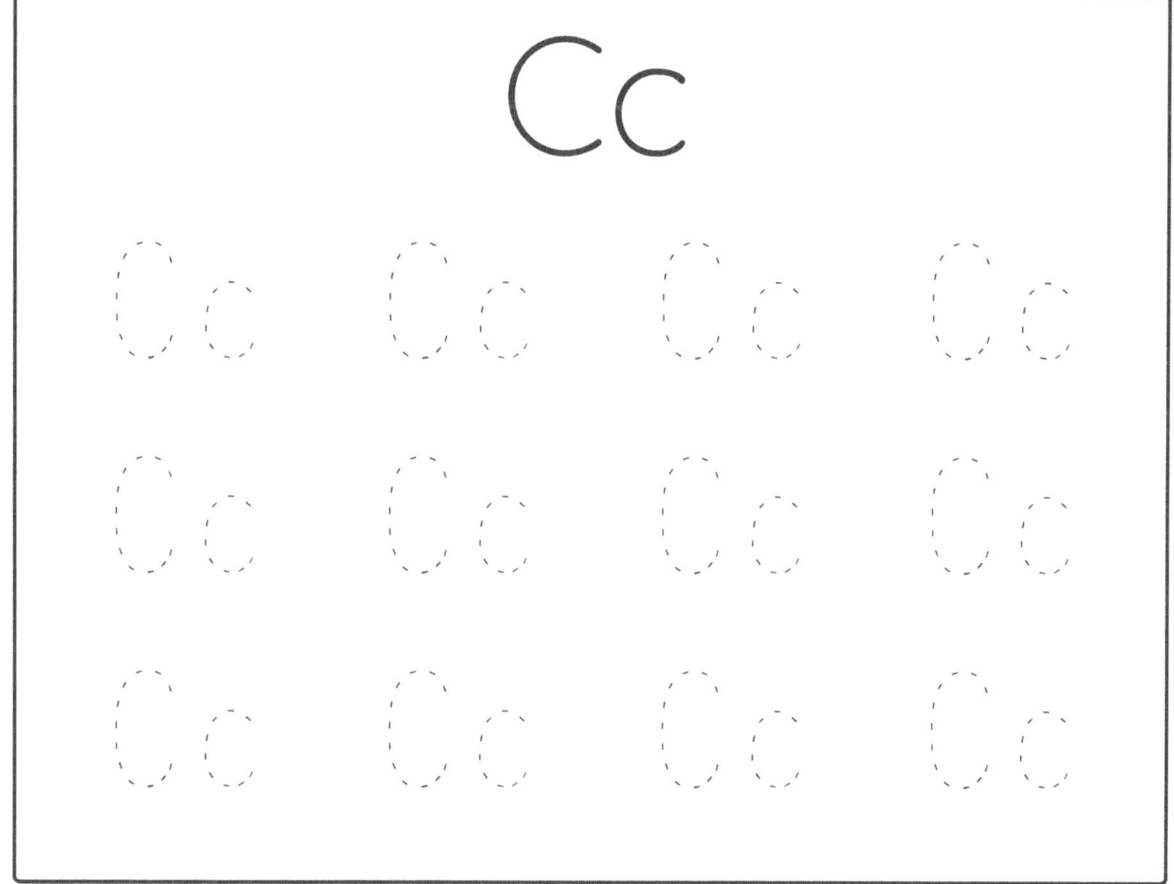

A B **C** D E F G H I J K L M N O P Q R S T U V W X Y Z

Delphin

D

Delphin

D
D

d
d

D

A B C **D** E F G H I J K L M N O P Q R S T U V W X Y Z

D

D D D D D D D D D

D D D D D D D D

d d d d d d d d

d d d d d d d d

D D D D D D D D

D D D D D D D D

d d d d d d d d

d d d d d d d d

A B C **D** E F G H I J K L M N O P Q R S T U V W X Y Z

Dinosaurier

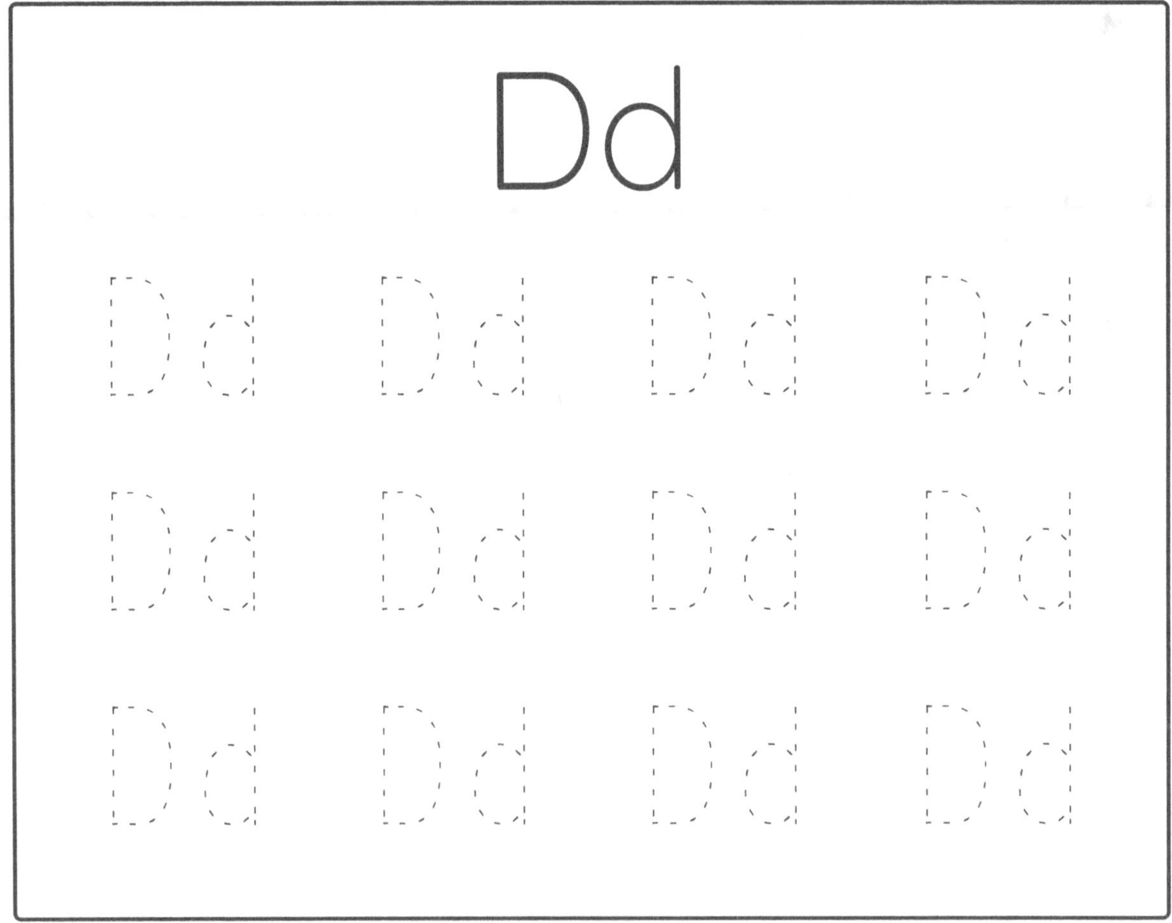

A B C **D** E F G H I J K L M N O P Q R S T U V W X Y Z

Elefant

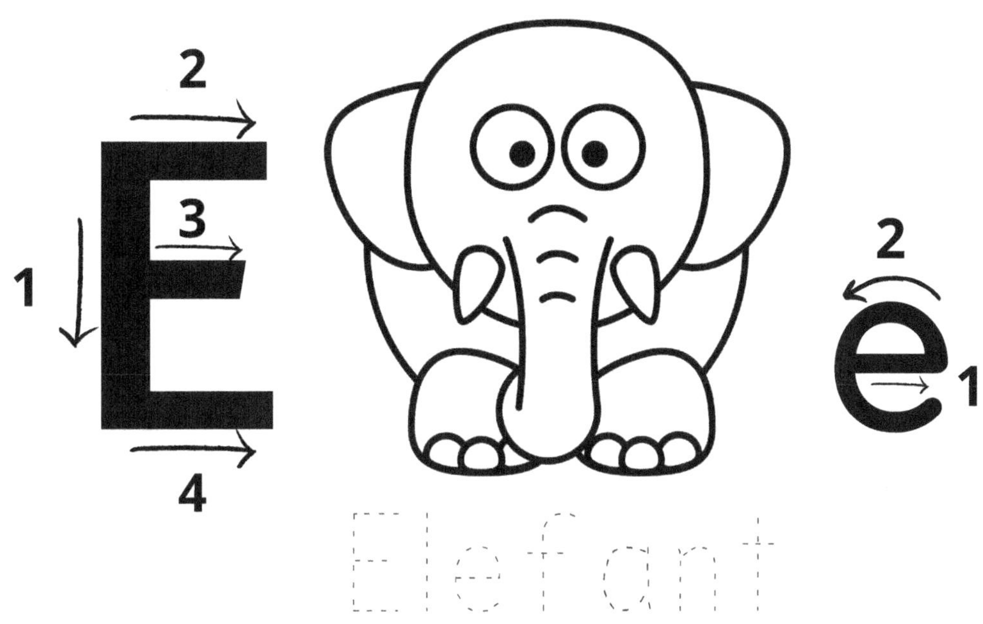

E

E

e

e

A B C D **E** F G H I J K L M N O P Q R S T U V W X Y Z

E E E E E E E E

E E E E E E E E

e e e e e e e e

e e e e e e e e

E E E E E E E E

E E E E E E E E

e e e e e e e e

e e e e e e e e

A B C D **E** F G H I J K L M N O P Q R S T U V W X Y Z

Erdbeere

Ee

A B C D **E** F G H I J K L M N O P Q R S T U V W X Y Z

Flugzeug

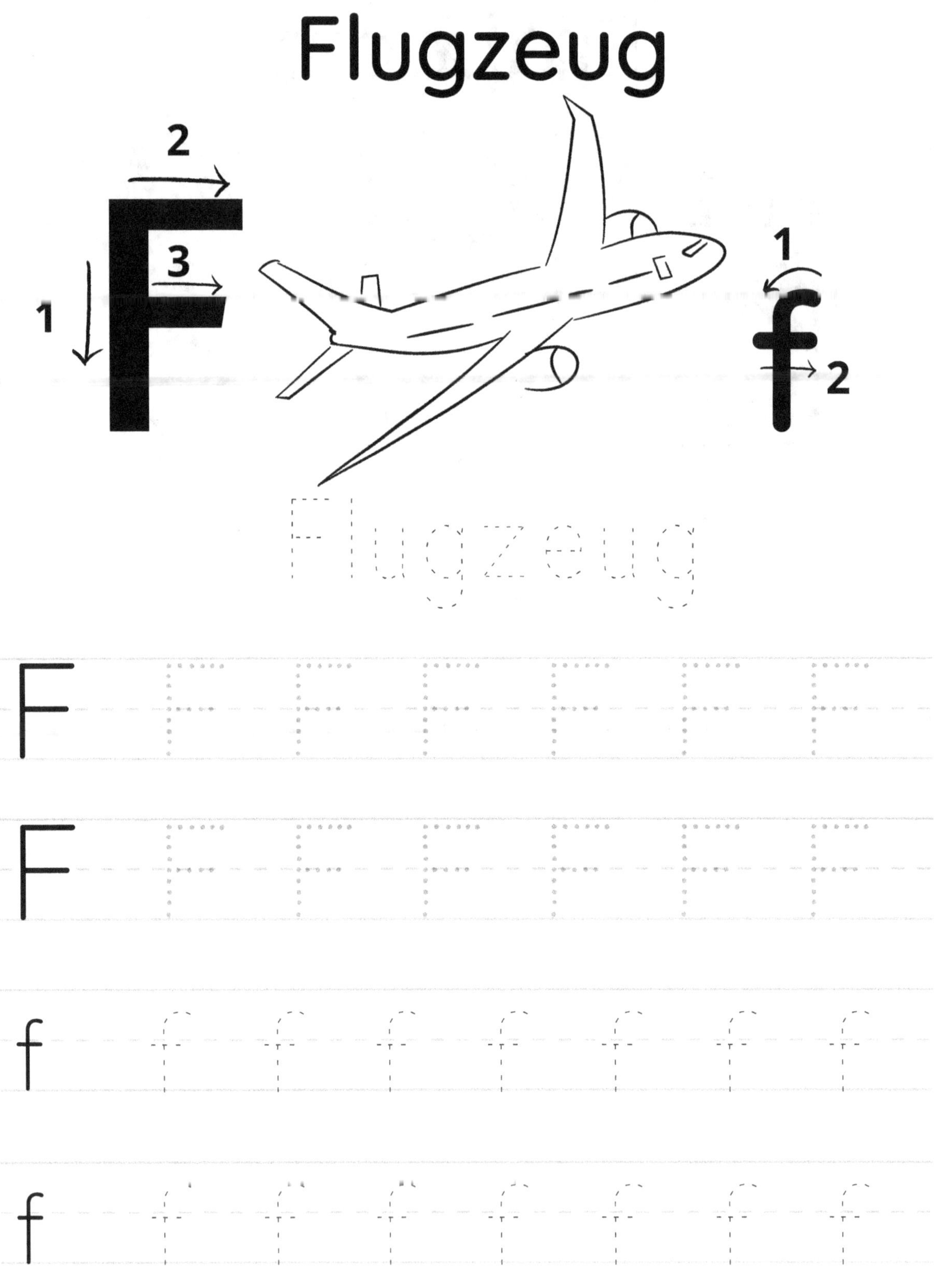

F F F F F F F F

F F F F F F F F

f f f f f f f f

f f f f f f f f

F

A B C D E **F** G H I J K L M N O P Q R S T U V W X Y Z

F

F

f

f

F

F

f

f

F

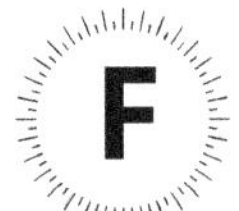

A B C D E **F** G H I J K L M N O P Q R S T U V W X Y Z

Fisch

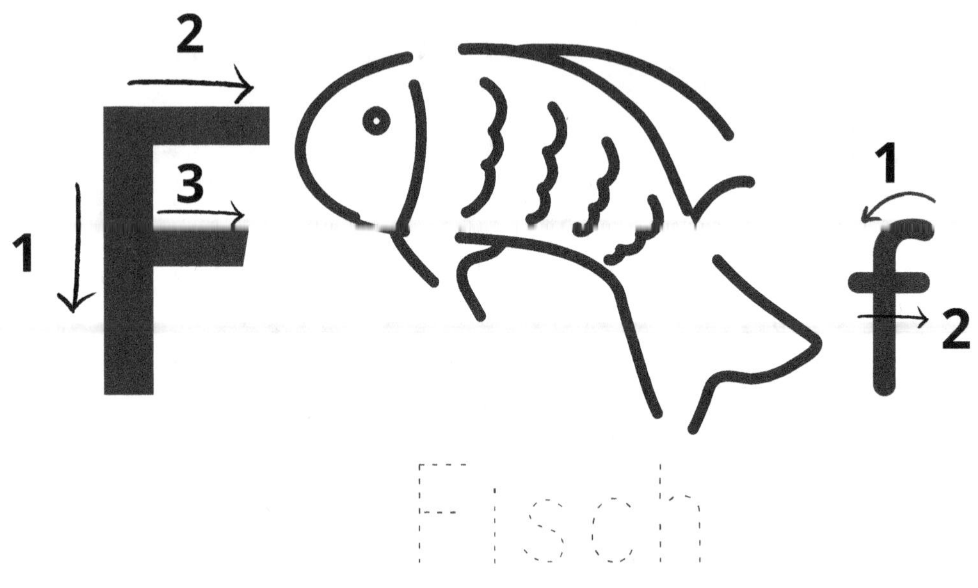

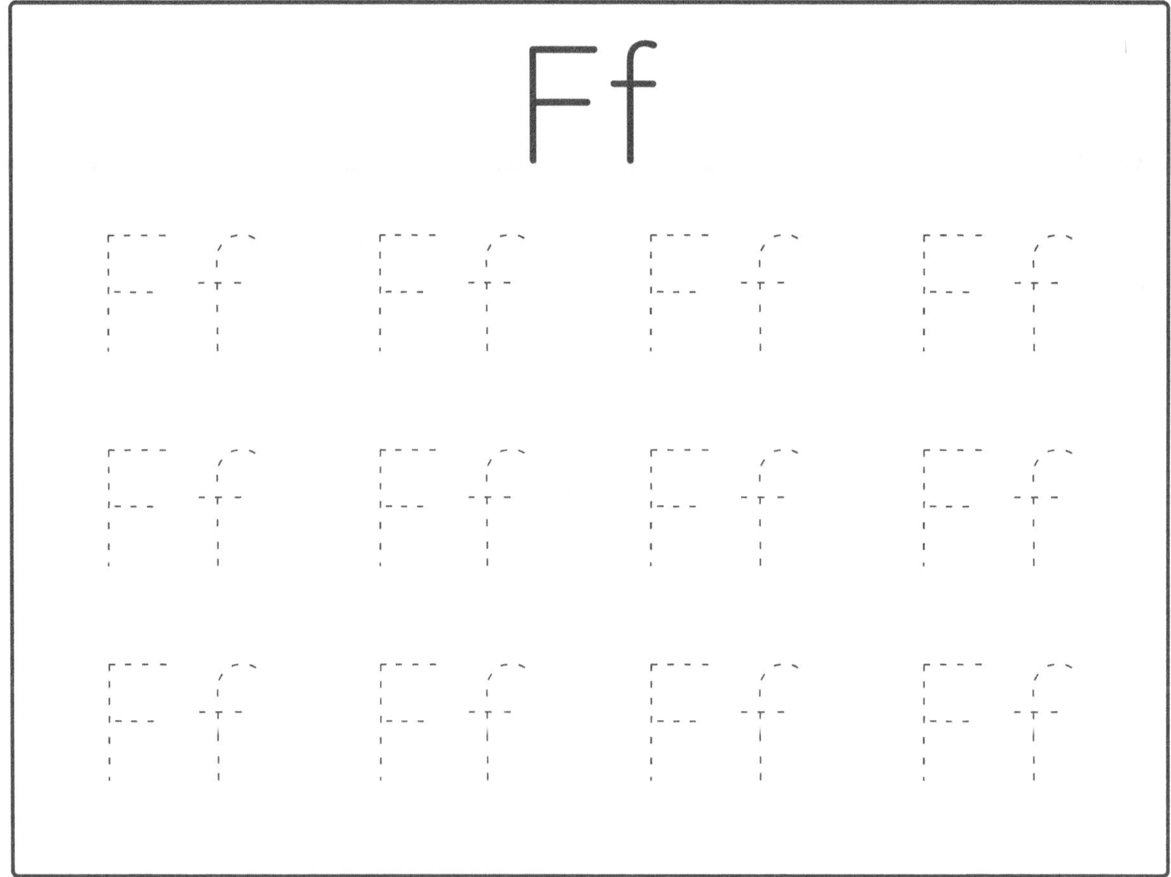

A B C D E **F** G H I J K L M N O P Q R S T U V W X Y Z

Gitarre

Gitarre

A B C D E F **G** H I J K L M N O P Q R S T U V W X Y Z

G G G G G G G

G G G G G G G

g g g g g g g

g g g g g g g

G G G G G G G

G G G G G G G

g g g g g g g

g g g g g g g

A B C D E F **G** H I J K L M N O P Q R S T U V W X Y Z

Giraffe

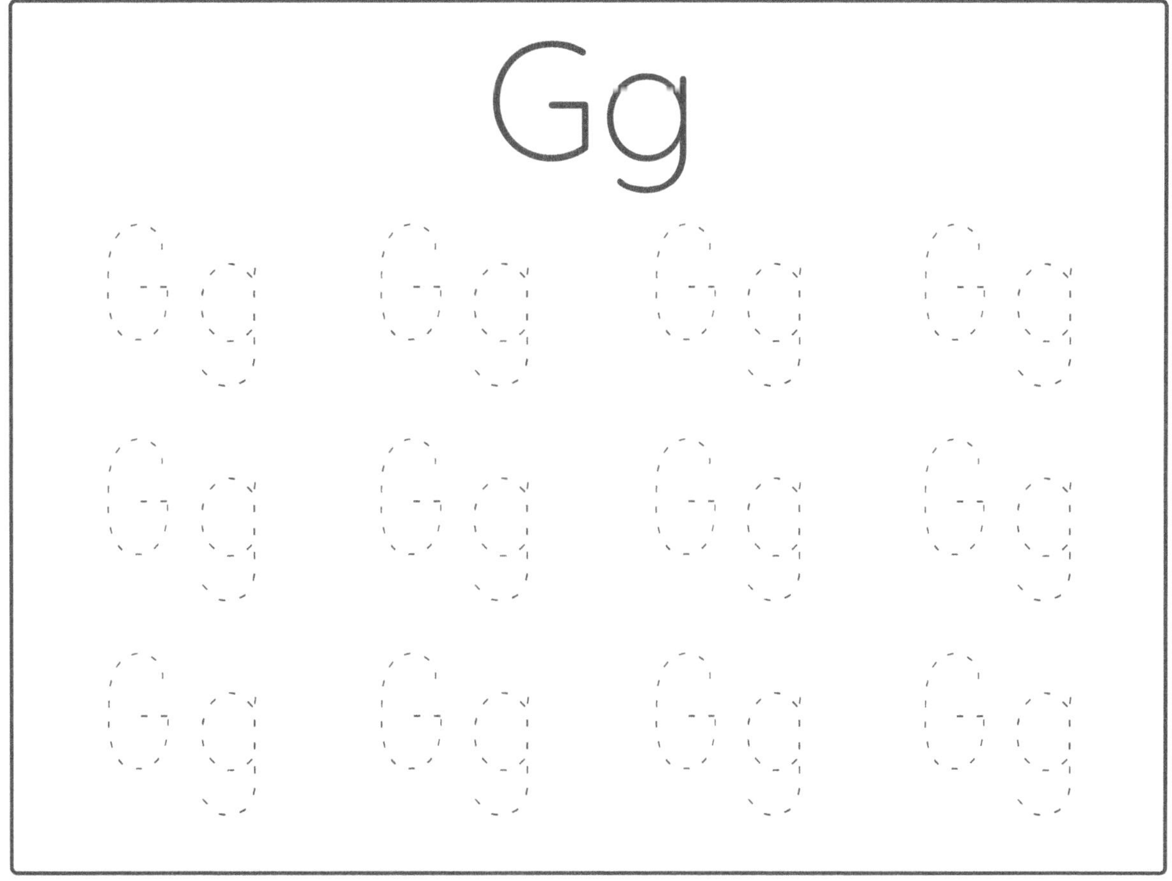

G

A B C D E F **G** H I J K L M N O P Q R S T U V W X Y Z

Hund

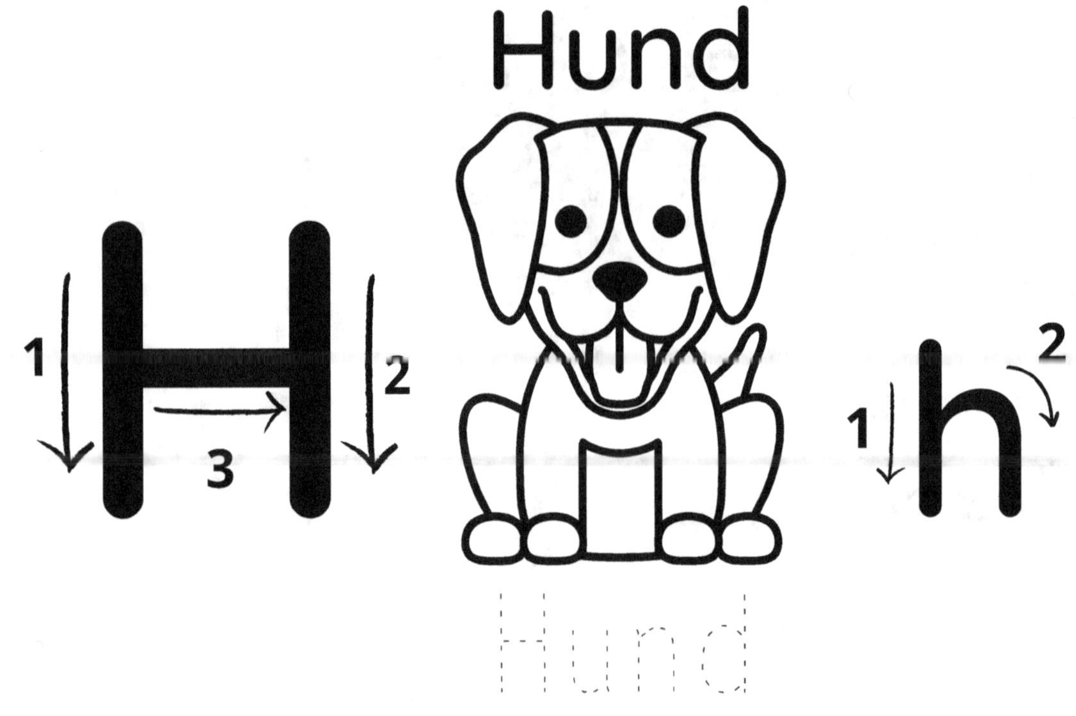

Hund

A B C D E F G **H** I J K L M N O P Q R S T U V W X Y Z

H H H H H H H H H

H H H H H H H H H

h h h h h h h h

h h h h h h h h

H H H H H H H H H

H H H H H H H H H

h h h h h h h h

h h h h h h h h

H A B C D E F G **H** I J K L M N O P Q R S T U V W X Y Z

Hammer

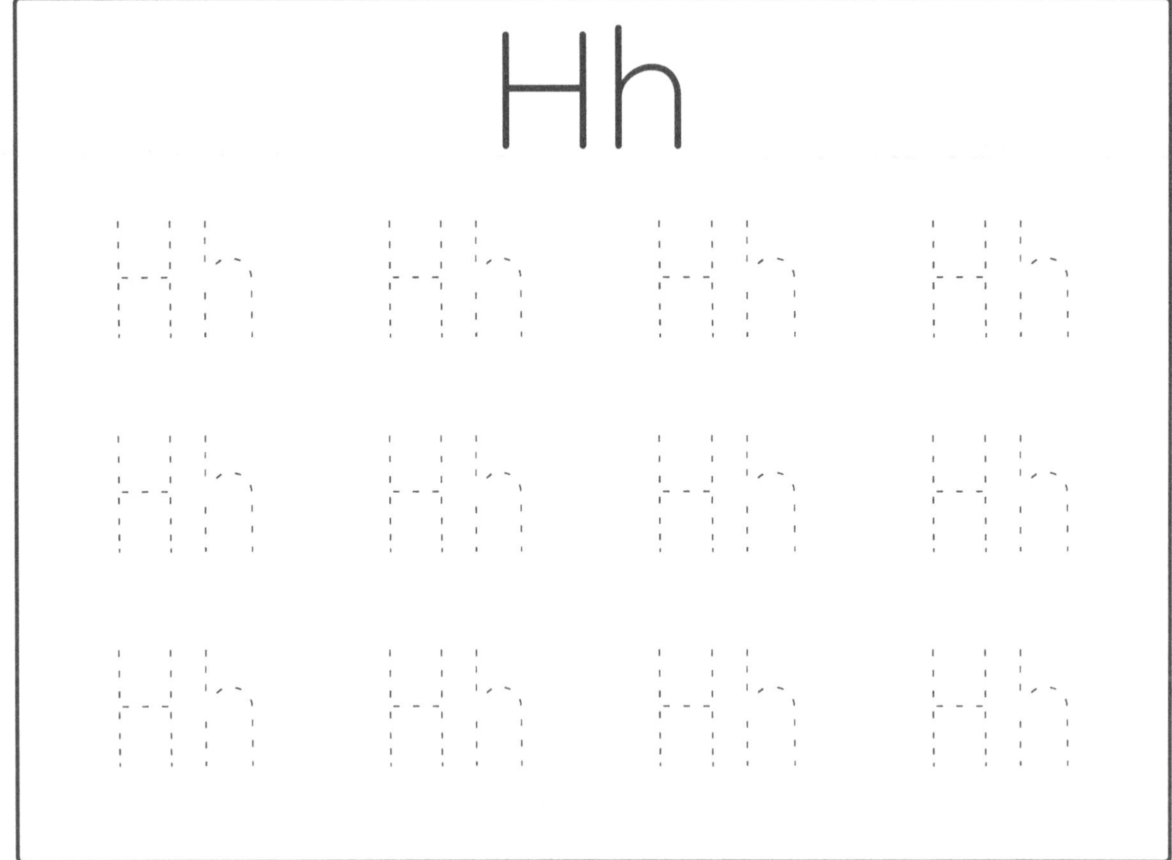

H A B C D E F G **H** I J K L M N O P Q R S T U V W X Y Z

Igel

ABCDEFGH**I**JKLMNOPQRSTUVWXYZ

I

I

i

i

I

I

i

i

I

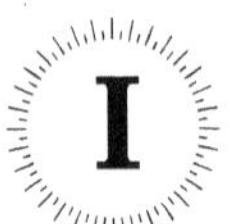

A B C D E F G H I J K L M N O P Q R S T U V W X Y Z

Ice

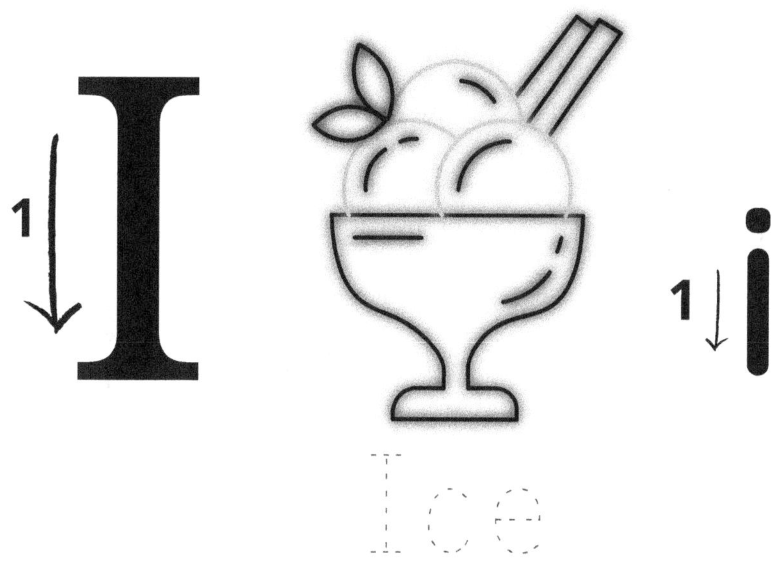

I i

A B C D E F G H **I** J K L M N O P Q R S T U V W X Y Z

Jacke

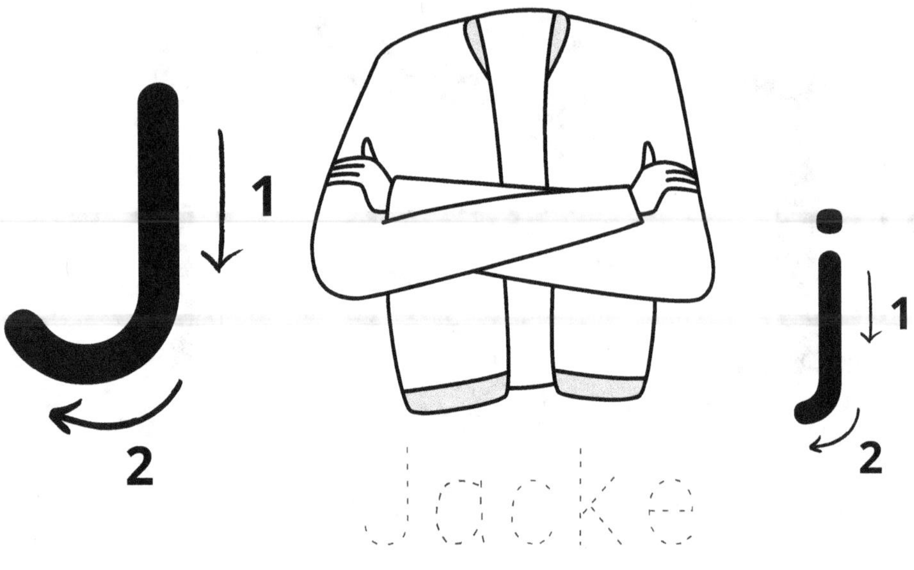

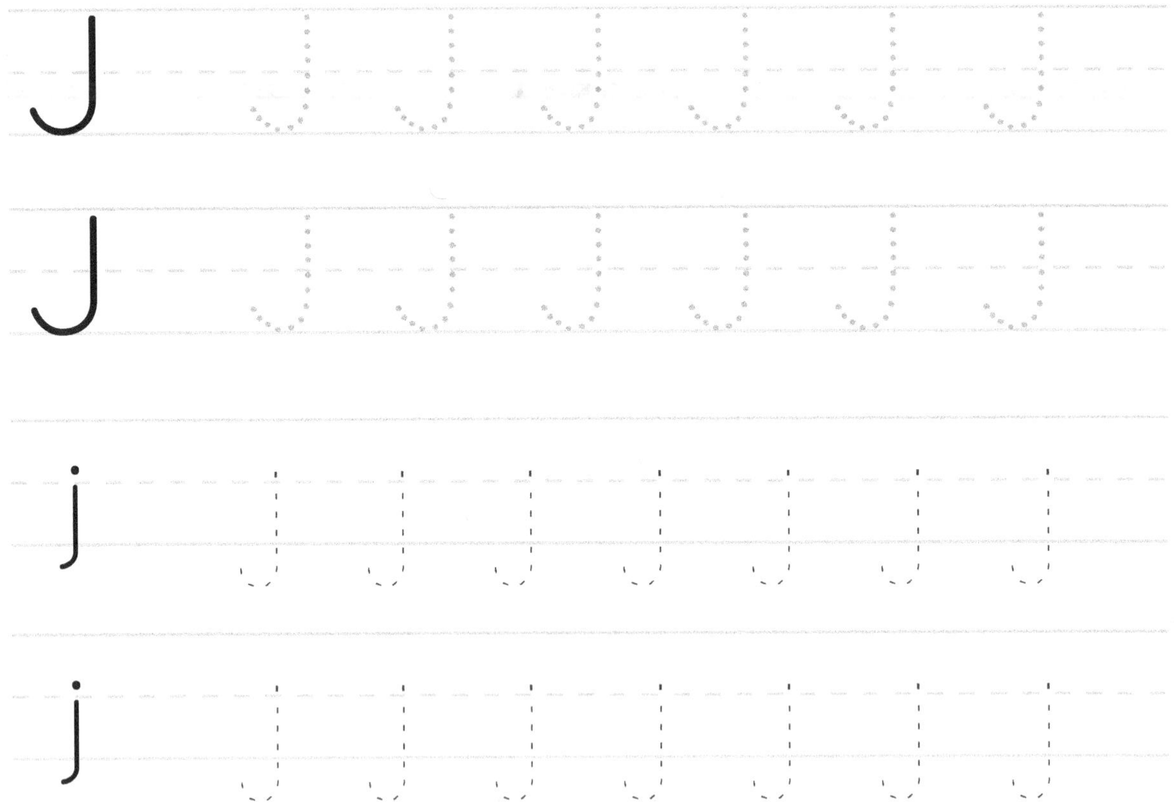

A B C D E F G H I **J** K L M N O P Q R S T U V W X Y Z

J J J J J J J J J J J

J J J J J J J J J J J

j j j j j j j j j j

j j j j j j j j j j

J J J J J J J J J J

J J J J J J J J J

j j j j j j j j

j j j j j j j j

 A B C D E F G H I **J** K L M N O P Q R S T U V W X Y Z

Junge

J
1
2

j
1
2

Junge

Jj

J

A B C D E F G H I **J** K L M N O P Q R S T U V W X Y Z

Katze

A B C D E F G H I J **K** L M N O P Q R S T U V W X Y Z

A B C D E F G H I J **K** L M N O P Q R S T U V W X Y Z

Käse

Kk

A B C D E F G H I J **K** L M N O P Q R S T U V W X Y Z

Lampe

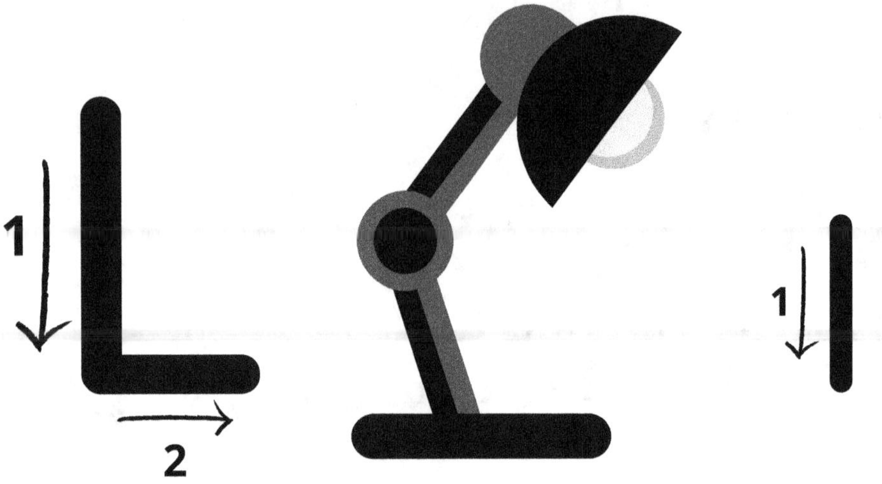

Lampe

L L L L L L L L L L L L L L L

L L L L L L L L L L L L L L L

I I I I I I I I I I I I I I I

I I I I I I I I I I I I I I I

A B C D E F G H I J K **L** M N O P Q R S T U V W X Y Z

L
L
l
l
L
L
l
l

L

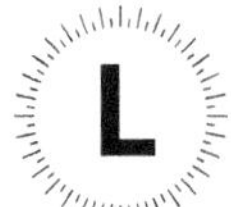

A B C D E F G H I J K **L** M N O P Q R S T U V W X Y Z

Löwe

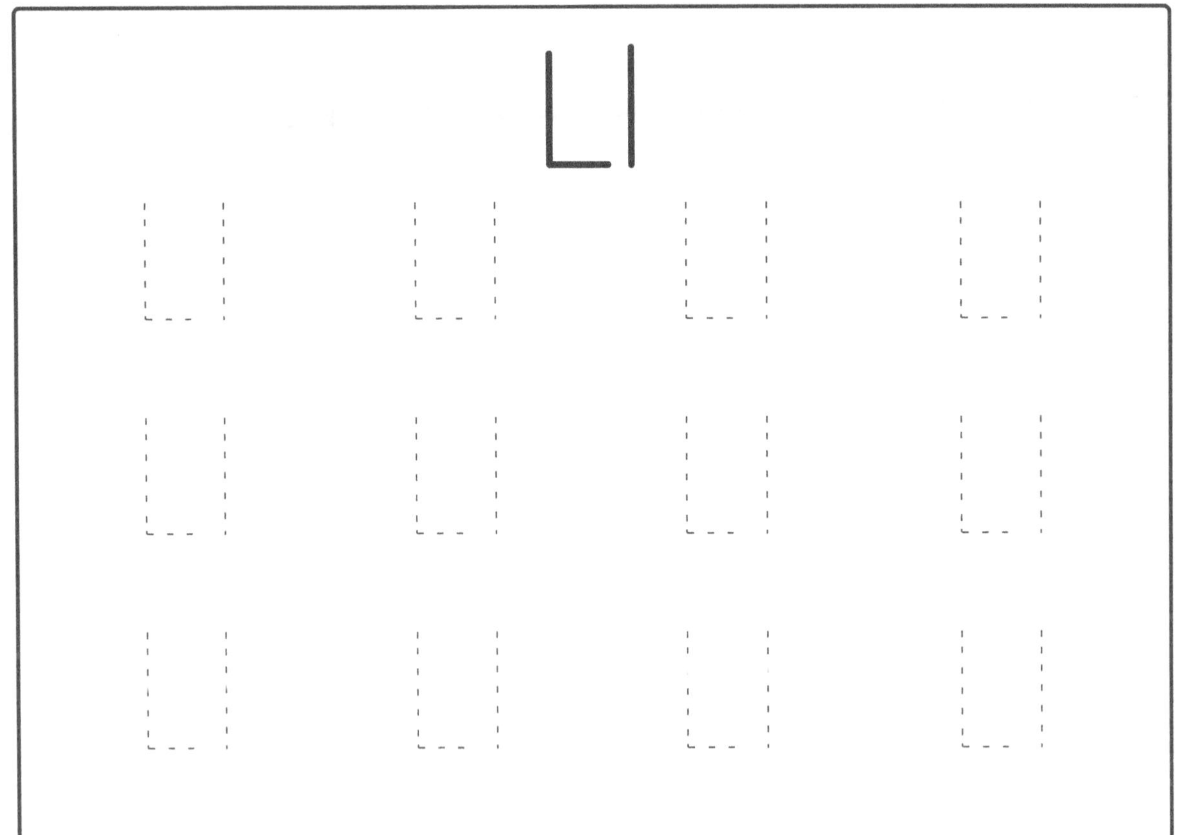

A B C D E F G H I J K **L** M N O P Q R S T U V W X Y Z

Marienkäfer

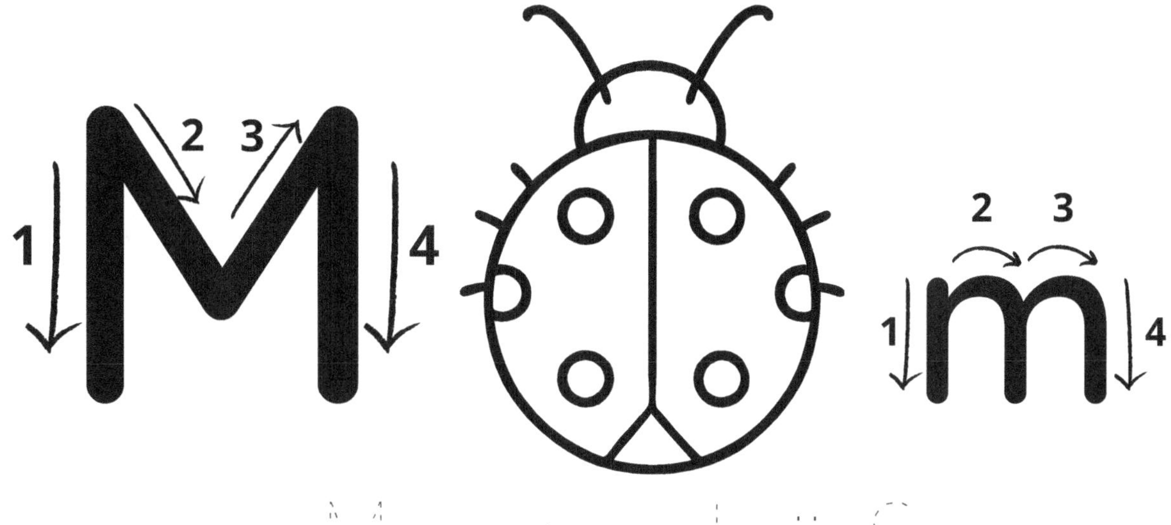

M
M
m
m

A B C D E F G H I J K L **M** N O P Q R S T U V W X Y Z

M M M M M M M M M M

M M M M M M M M M M

m m m m m m m m

m m m m m m m m

M M M M M M M M M M

M M M M M M M M M M

m m m m m m m m

m m m m m m m m

M A B C D E F G H I J K L **M** N O P Q R S T U V W X Y Z

Melone

Melone

Mm

Mm Mm Mm Mm

Mm Mm Mm Mm

Mm Mm Mm Mm

M

A B C D E F G H I J K L **M** N O P Q R S T U V W X Y Z

Neun

Neun

N

N

n

n

A B C D E F G H I J K L M **N** O P Q R S T U V W X Y Z

N

N

n

n

N

N

n

n

A B C D E F G H I J K L M **N** O P Q R S T U V W X Y Z

Nashorn

Nashorn

Nn

Nn Nn Nn Nn

Nn Nn Nn Nn

Nn Nn Nn Nn

A B C D E F G H I J K L M **N** O P Q R S T U V W X Y Z

Ofen

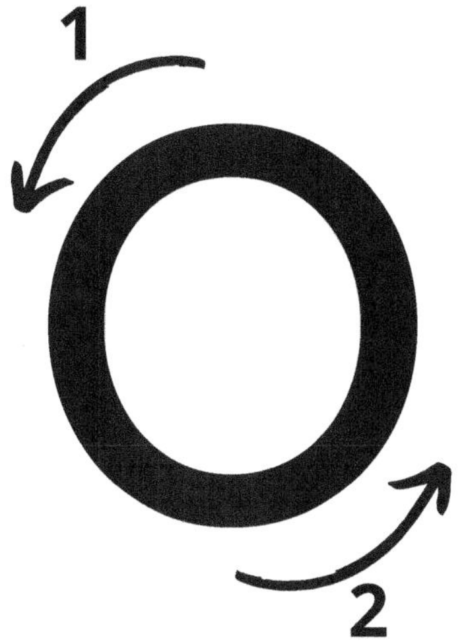

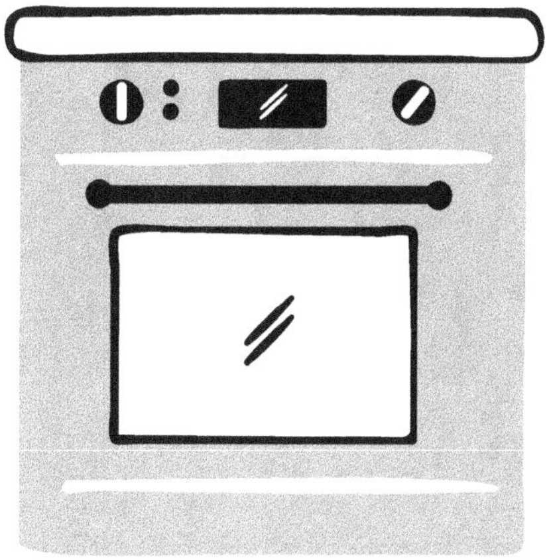

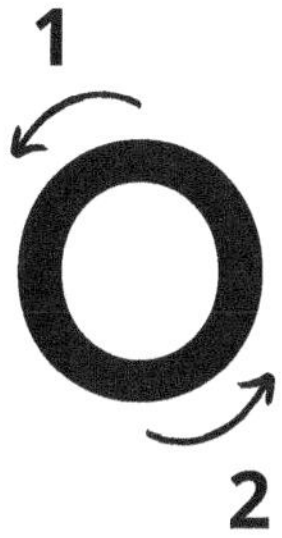

Ofen

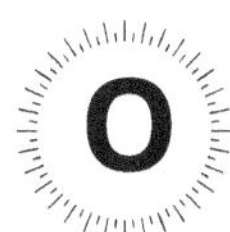

A B C D E F G H I J K L M N **O** P Q R S T U V W X Y Z

O O O O O O O
O O O O O O O
o o o o o o o
o o o o o o o
O O O O O O O
O O O O O O O
o o o o o o o
o o o o o o o

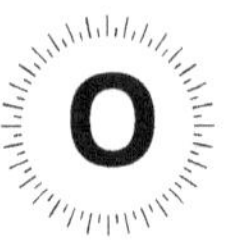

O A B C D E F G H I J K L M N **O** P Q R S T U V W X Y Z

Orange

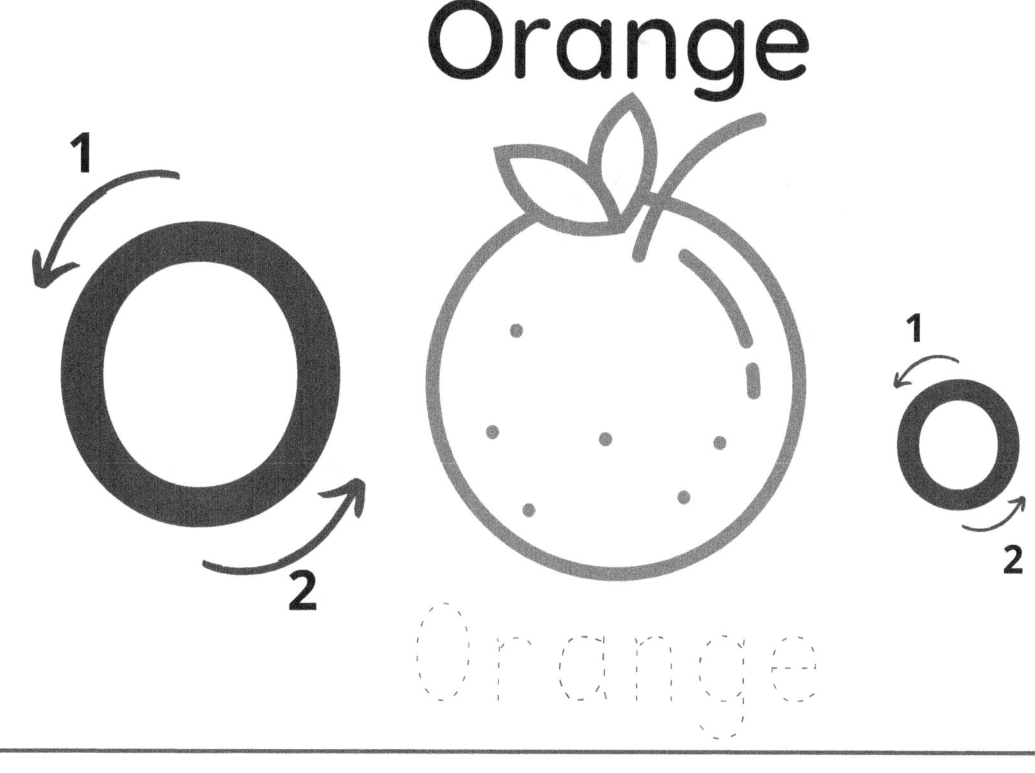

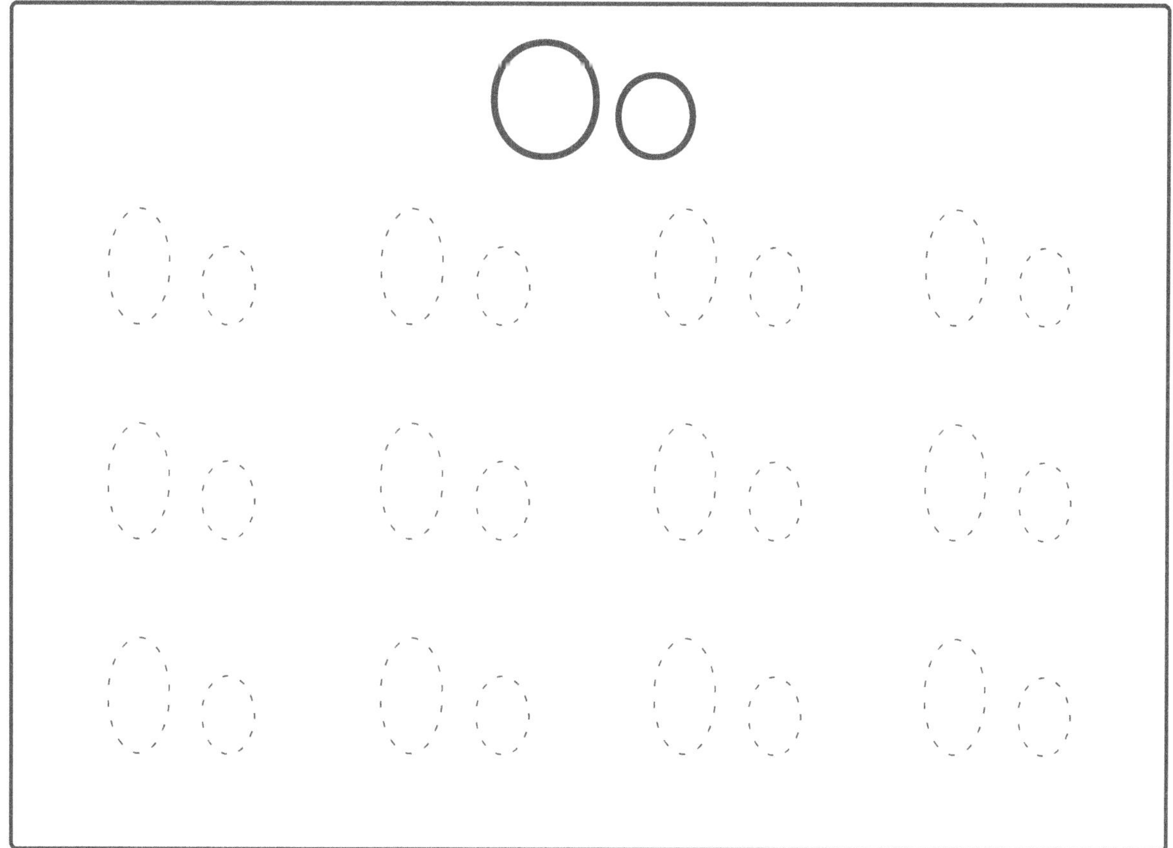

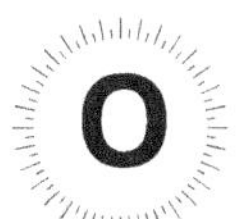

A B C D E F G H I J K L M N **o** P Q R S T U V W X Y Z

Pinguin

P P P P P P P P P P

P P P P P P P P P P

p p p p p p p p p p

p p p p p p p p p p

A B C D E F G H I J K L M N O **P** Q R S T U V W X Y Z

P P P P P P P
P P P P P P P
p p p p p p p
p p p p p p p
P P P P P P P
P P P P P P P
p p p p p p p
p p p p p p p

A B C D E F G H I J K L M N O **P** Q R S T U V W X Y Z

Palme

Palme

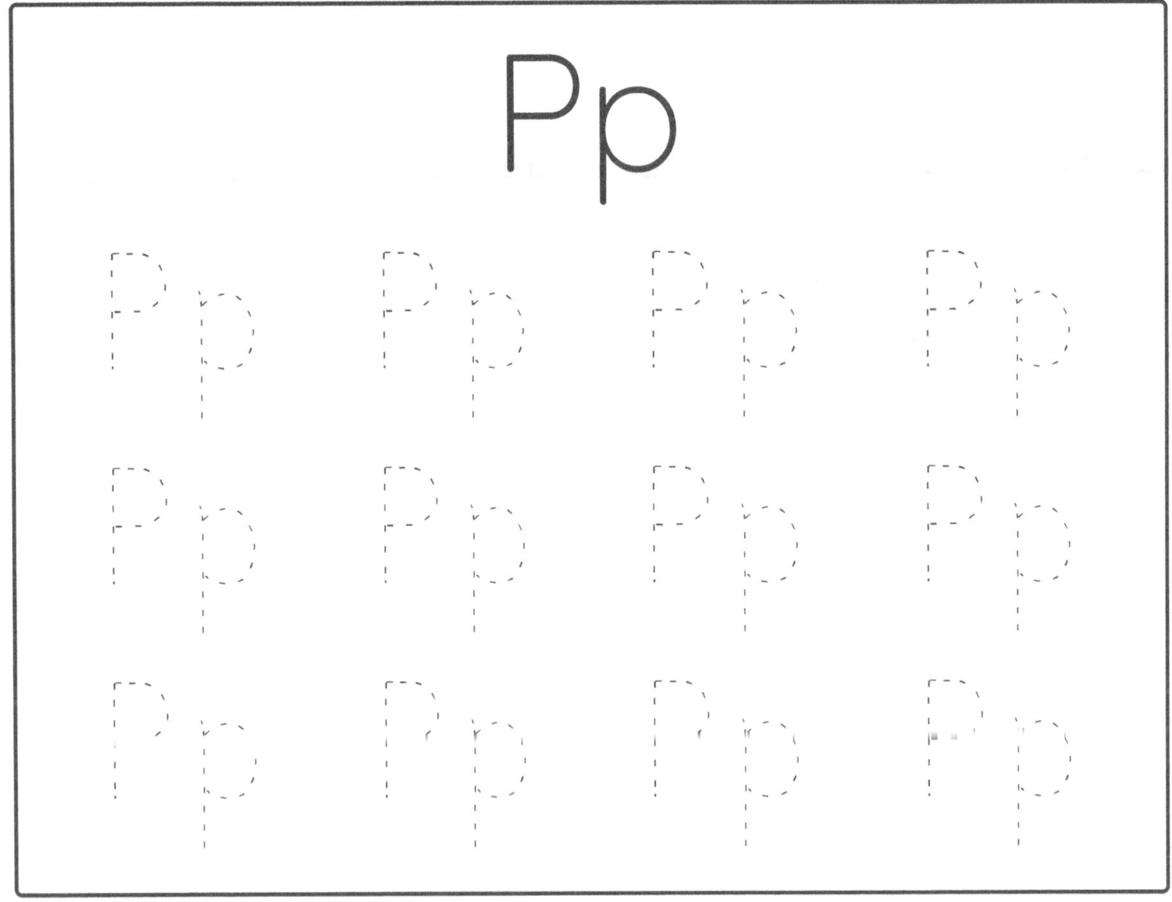

Pp

P

A B C D E F G H I J K L M N O **P** Q R S T U V W X Y Z

Qalle

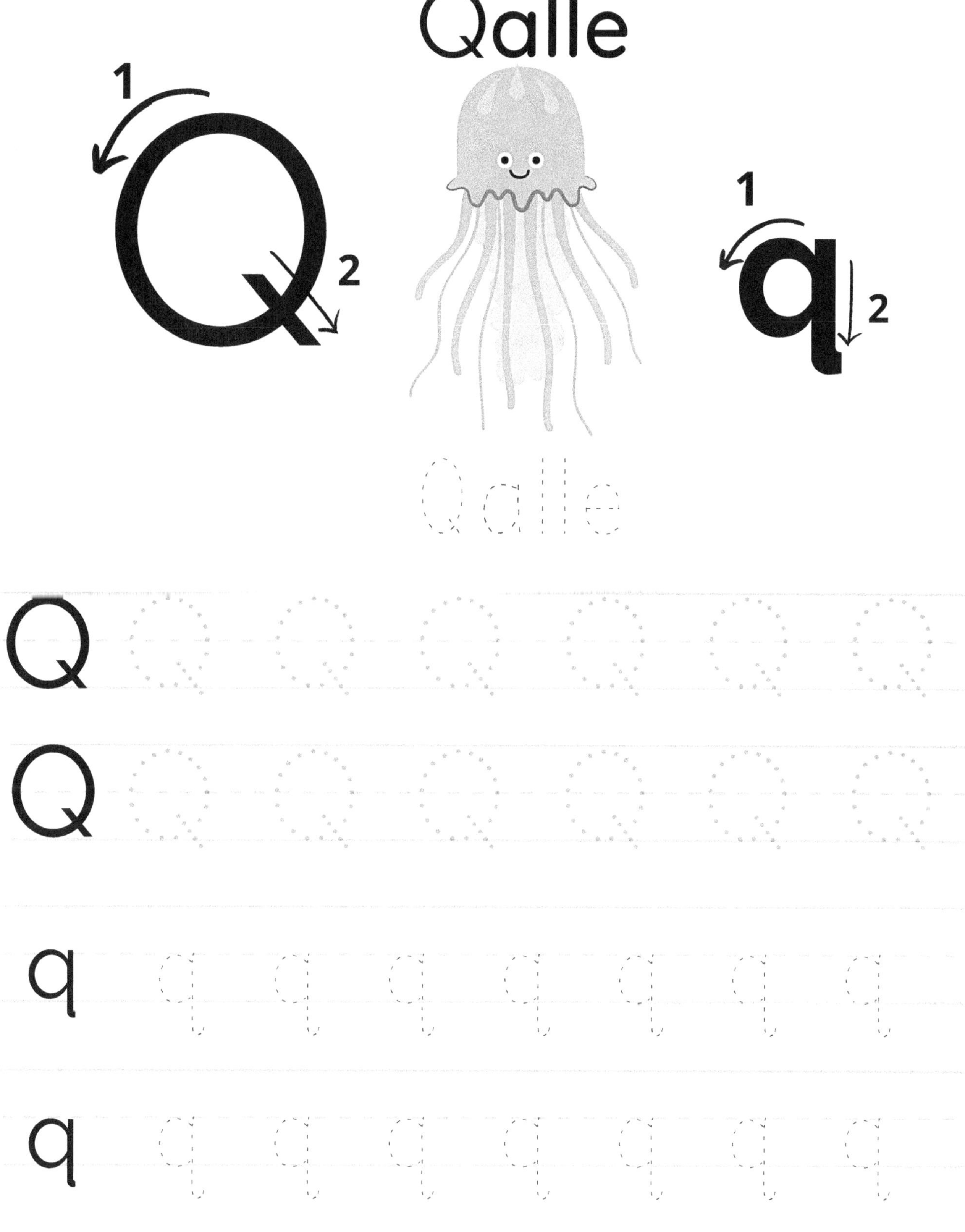

Q

Q

q

q

A B C D E F G H I J K L M N O P **Q** R S T U V W X Y Z

ABCDEFGHIJKLMNOPQRSTUVWXYZ

Quadrat

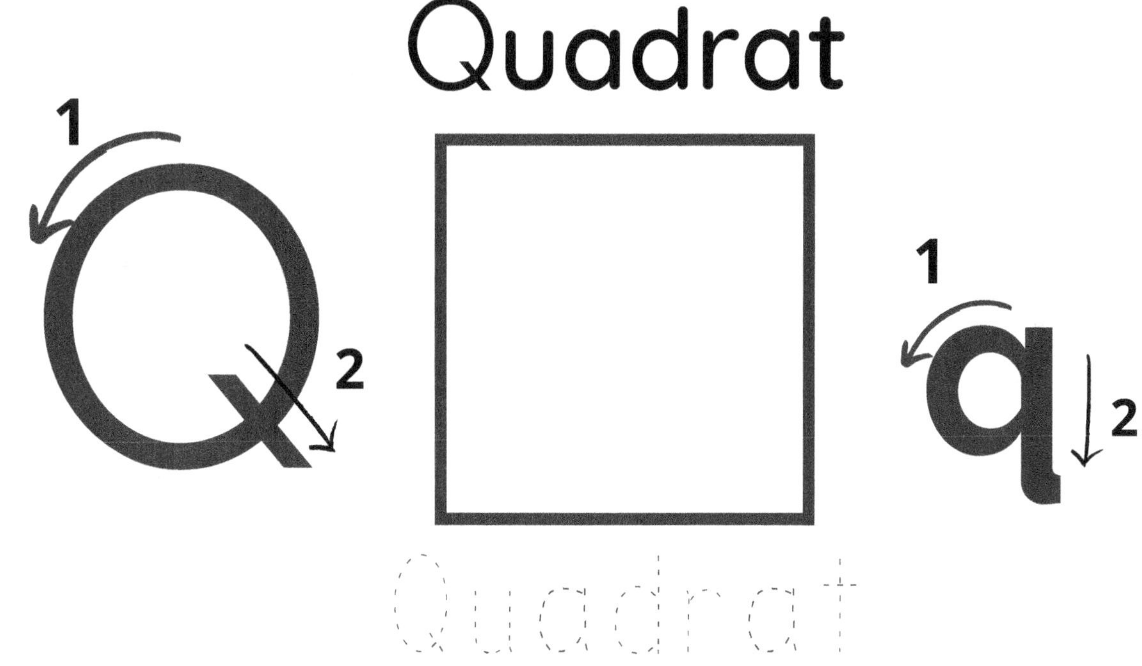

Quadrat

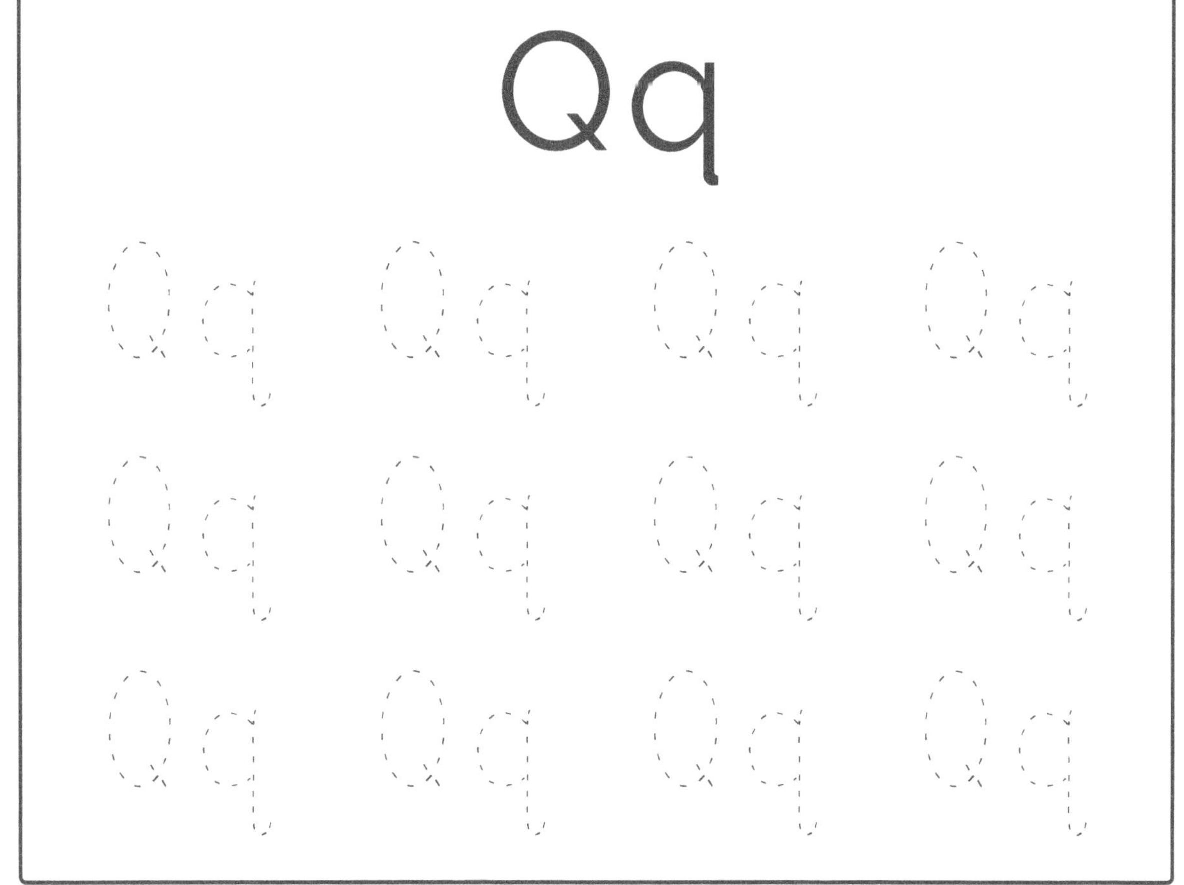

Qq

ABCDEFGHIJKLMNOP**Q**RSTUVWXYZ

Rucksack

R R R R R R R R R

R R R R R R R R R

r r r r r r r r

r r r r r r r r

A B C D E F G H I J K L M N O P Q **R** S T U V W X Y Z

ABCDEFGHIJKLMNOPQ**R**STUVWXYZ

Regenschirm

Rr

ABCDEFGHIJKLMNOPQ**R**STUVWXYZ

Schnecke

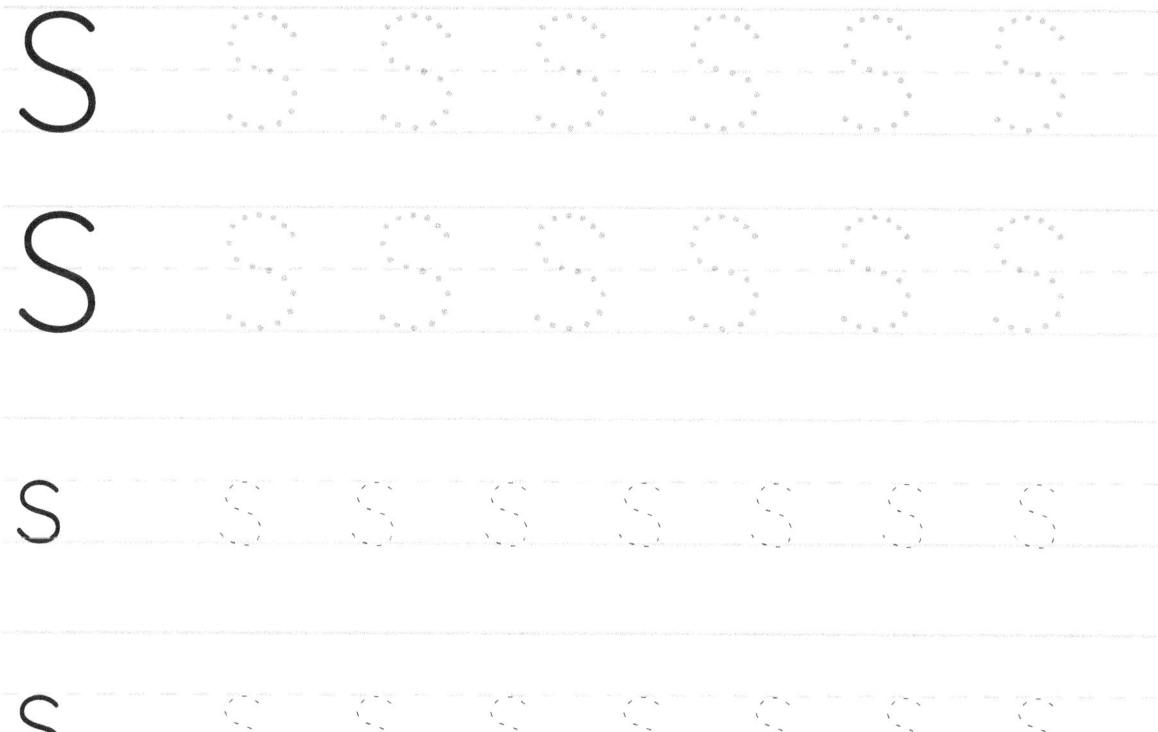

S S S S S S S S

S S S S S S S S

S S S S S S S S

S S S S S S S S

A B C D E F G H I J K L M N O P Q R **S** T U V W X Y Z

S
ABCDEFGHIJKLMNOPQR**S**TUVWXYZ

Stern

Stern

Ss

Tiger

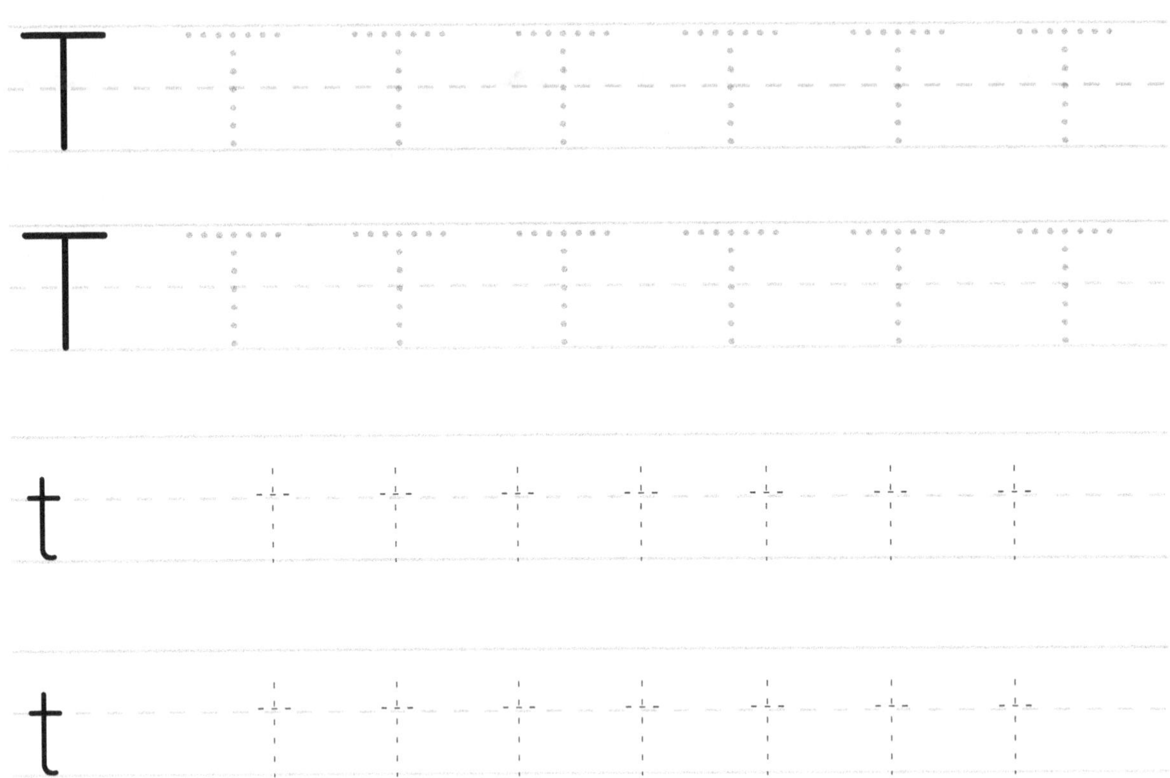

T

T

t

t

A B C D E F G H I J K L M N O P Q R S **T** U V W X Y Z

T

T

t

t

T

T

t

t

T

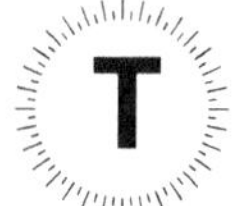

A B C D E F G H I J K L M N O P Q R S **T** U V W X Y Z

Trauben

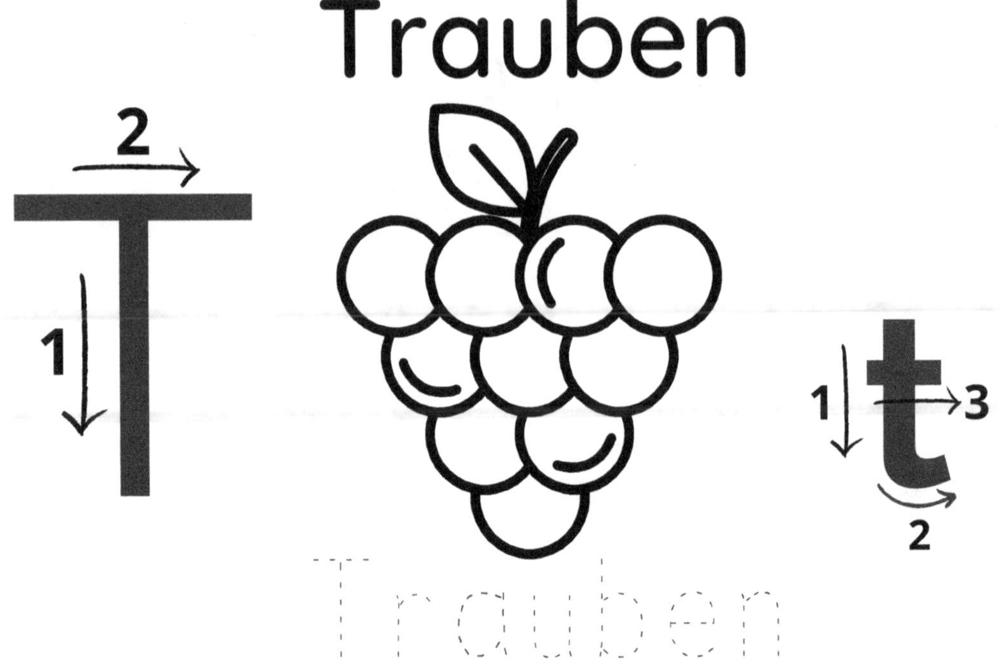

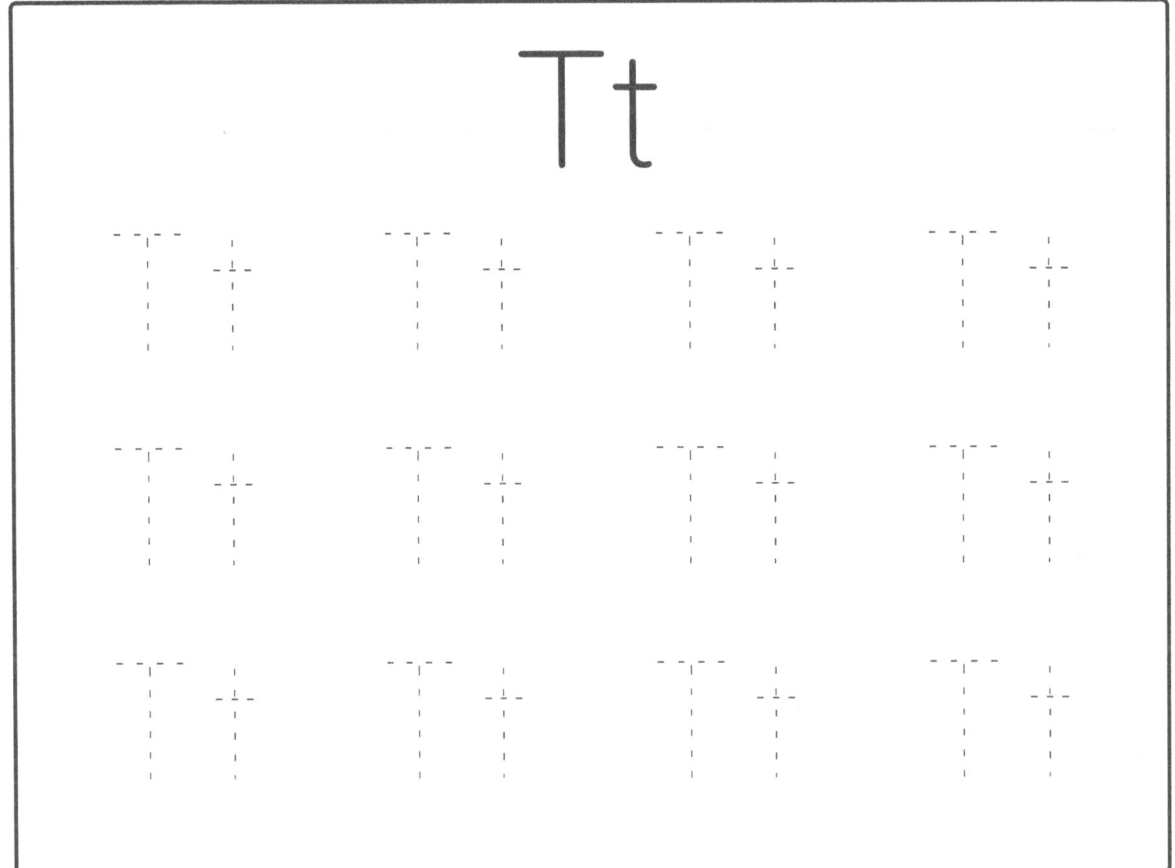

A B C D E F G H I J K L M N O P Q R S **T** U V W X Y Z

Uhr

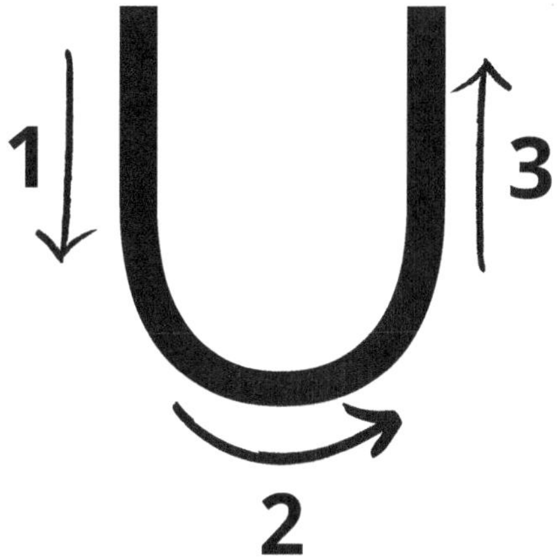

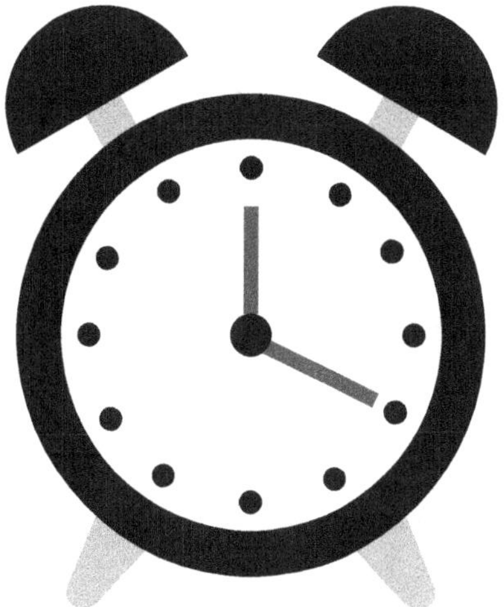

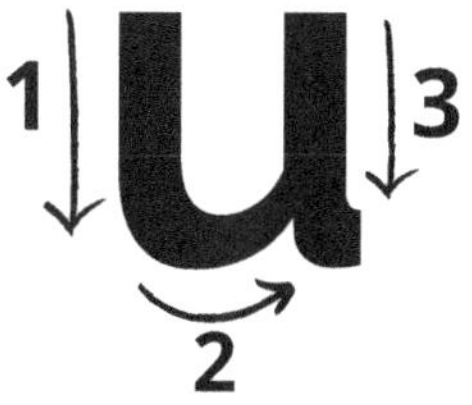

U

u

A B C D E F G H I J K L M N O P Q R S T **U** V W X Y Z

U

U

u

u

U

U

u

u

U

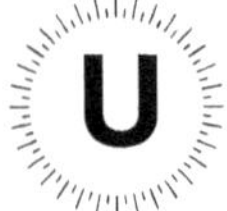

A B C D E F G H I J K L M N O P Q R S T **U** V W X Y Z

U-bahn

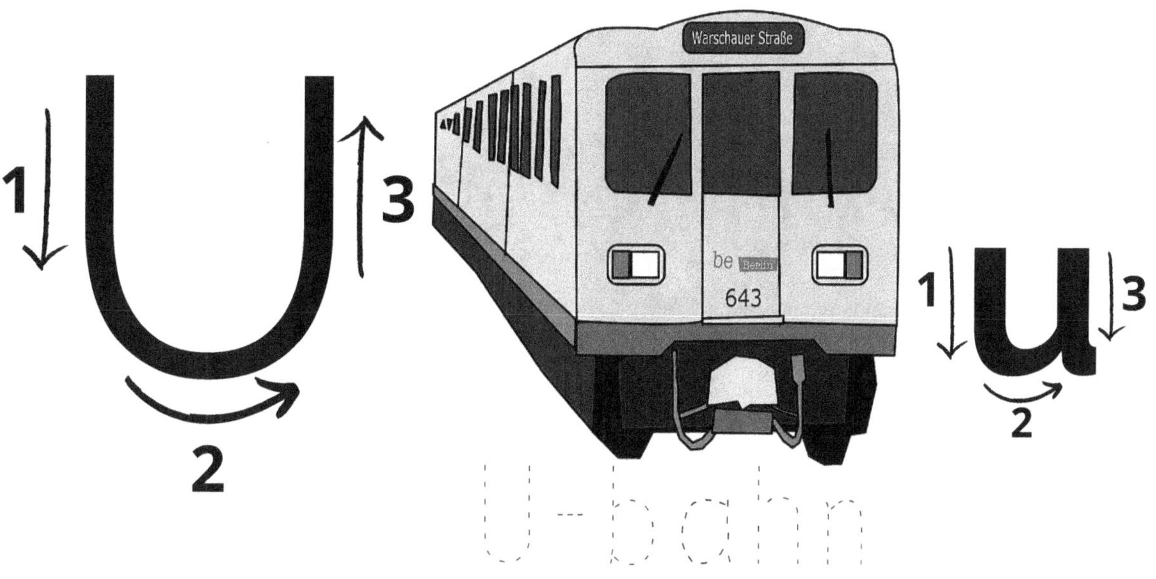

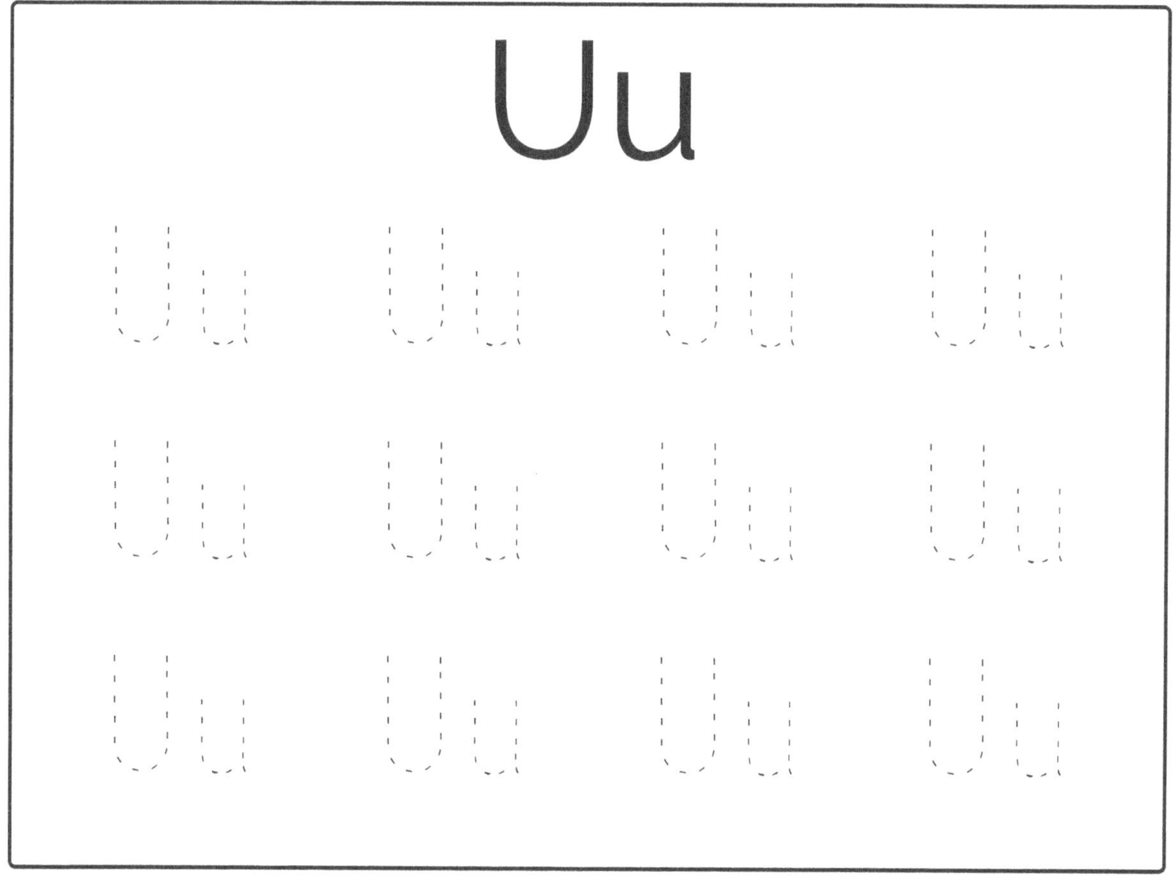

A B C D E F G H I J K L M N O P Q R S T **U** V W X Y Z

Vier

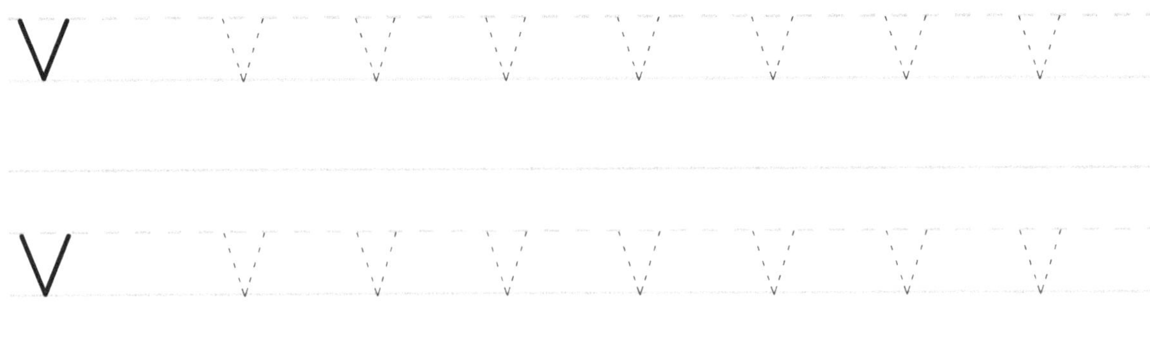

ABCDEFGHIJKLMNOPQRSTU**V**WXYZ

V

V

v

v

V

V

v

v

V

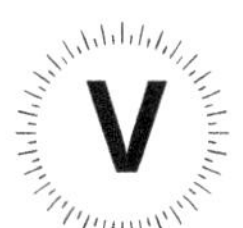

A B C D E F G H I J K L M N O P Q R S T U **V** W X Y Z

Vase

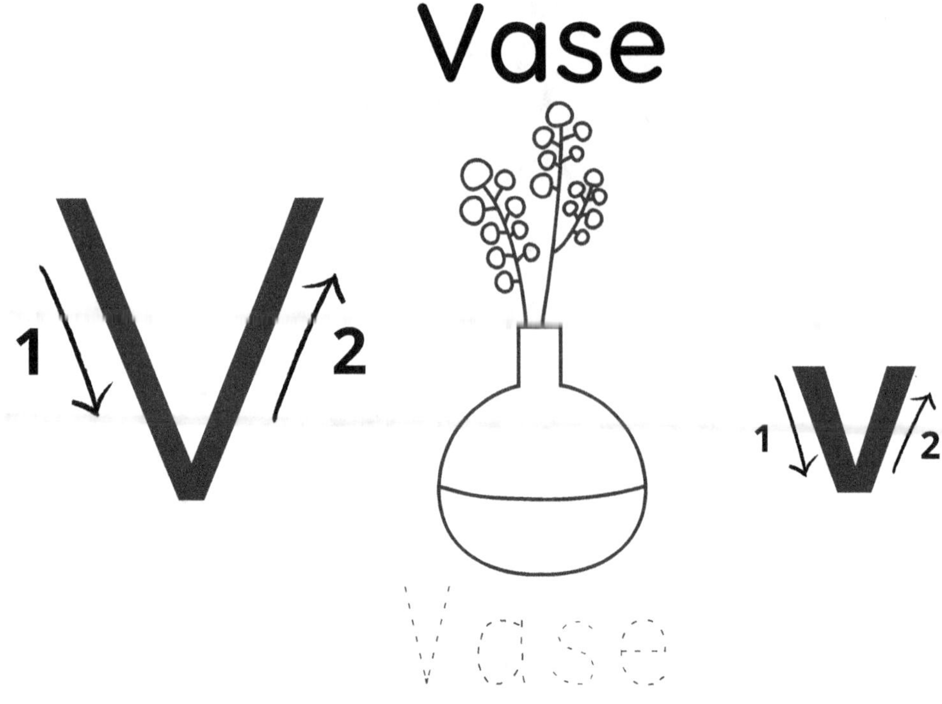

Vase

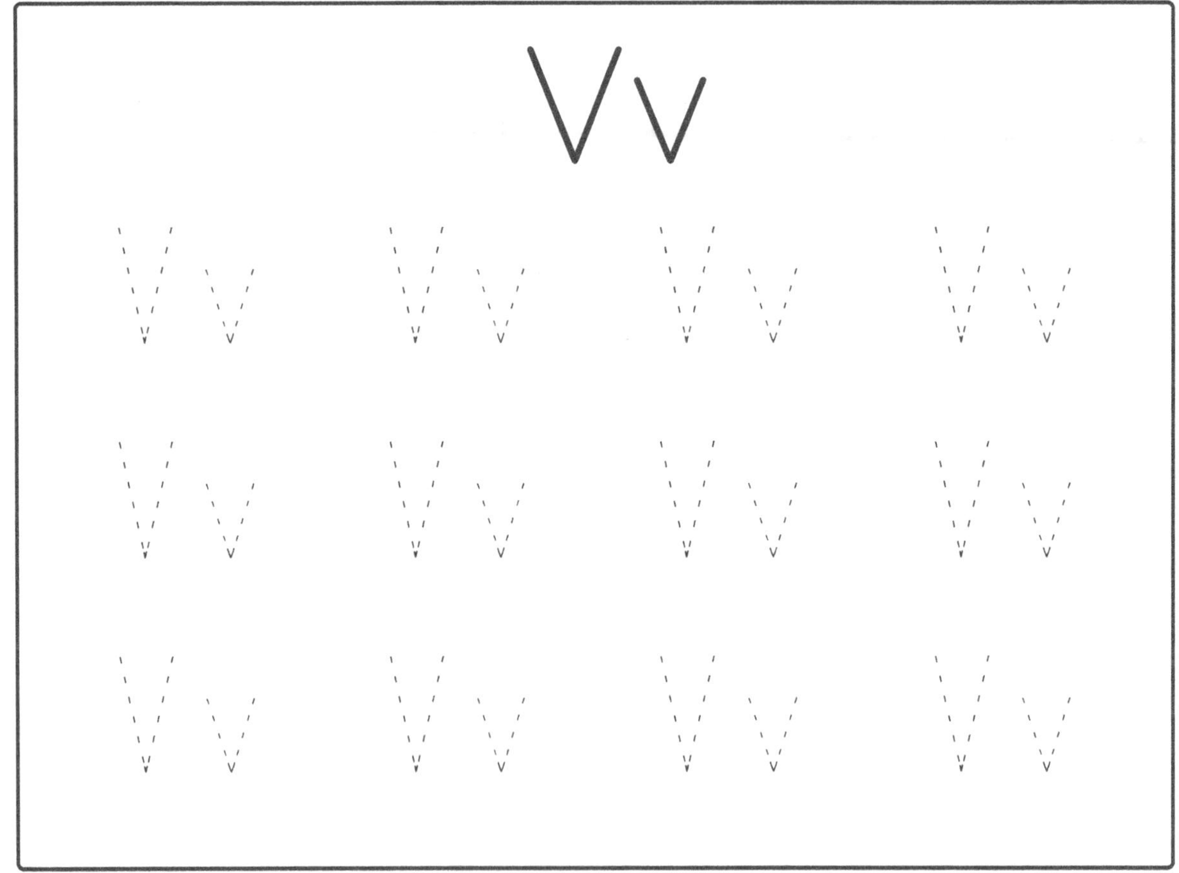

A B C D E F G H I J K L M N O P Q R S T U **V** W X Y Z

Wolke

A B C D E F G H I J K L M N O P Q R S T U V **W** X Y Z

W W W W W W W
W W W W W W W
w w w w w w w
w w w w w w w
W W W W W W W
W W W W W W W
w w w w w w w
w w w w w w w

W A B C D E F G H I J K L M N O P Q R S T U V **W** X Y Z

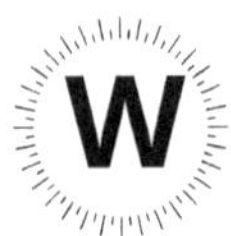

Weihnachtsmann

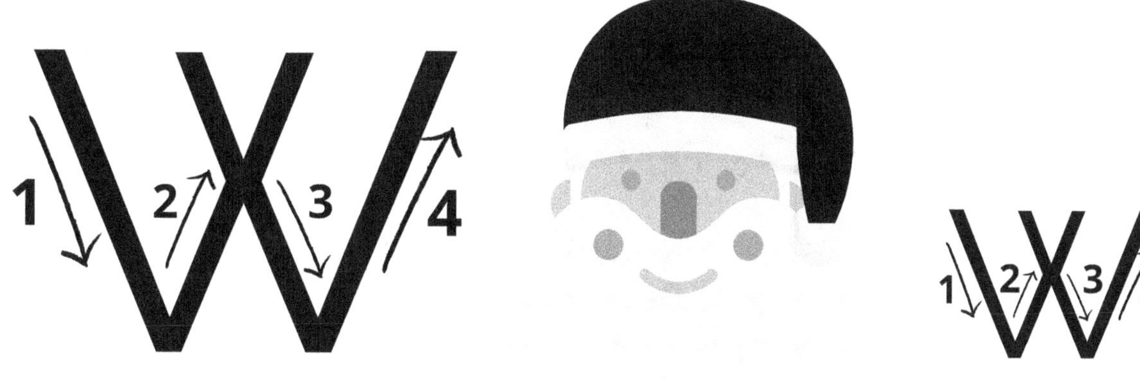

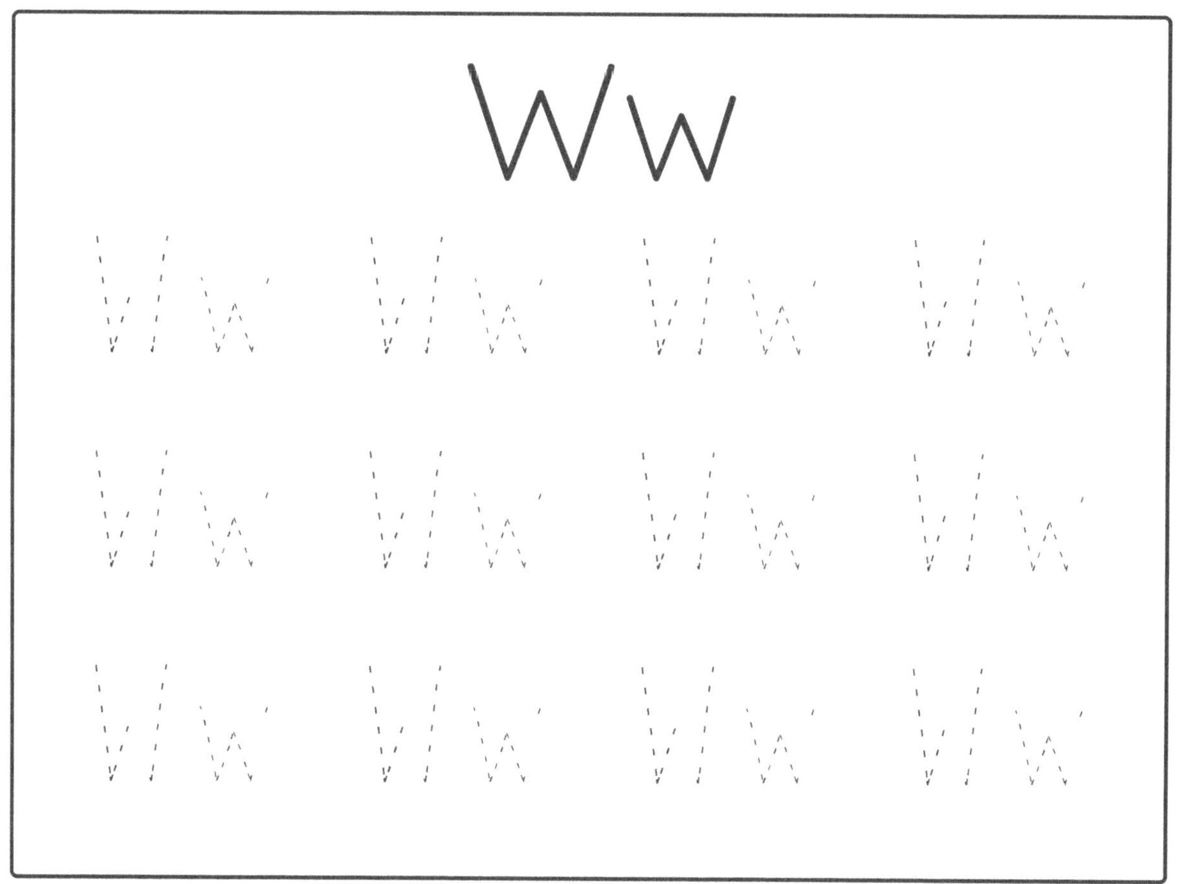

A B C D E F G H I J K L M N O P Q R S T U V **W** X Y Z

Xylofon

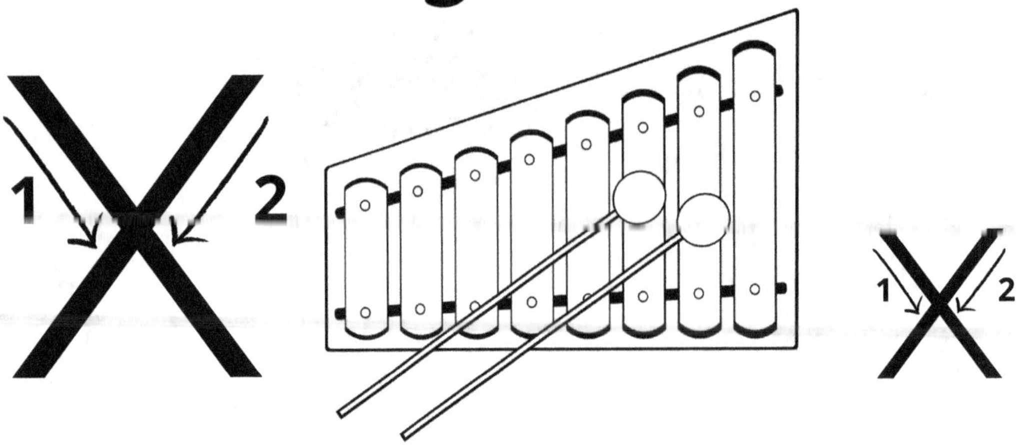

Xylofon

X X X X X X X

X X X X X X X

x x x x x x x

x x x x x x x

X

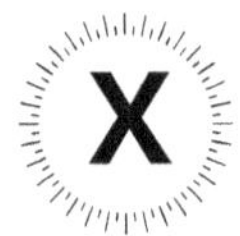

A B C D E F G H I J K L M N O P Q R S T U V W **X** Y Z

X

X

x

x

X

X

x

x

X

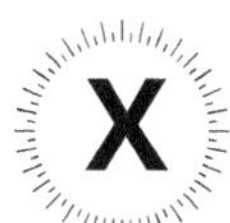

A B C D E F G H I J K L M N O P Q R S T U V W **X** Y Z

Saxofon

Saxofon

Xx

A B C D E F G H I J K L M N O P Q R S T U V W **X** Y Z

Yoga

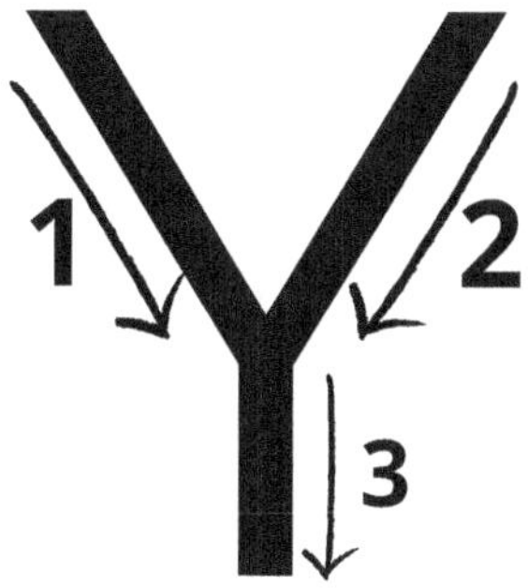

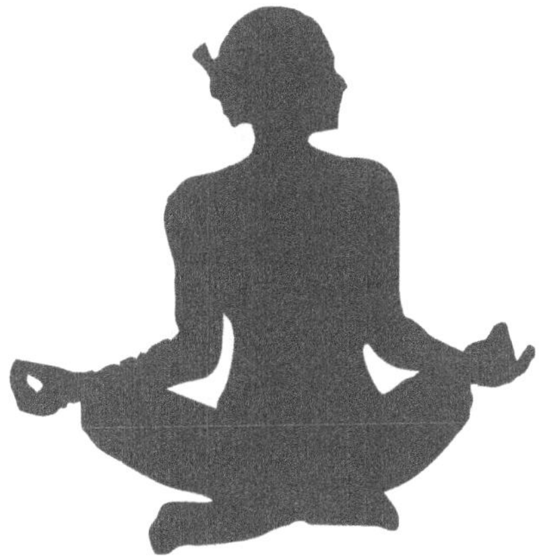

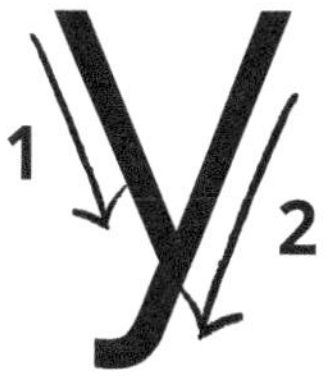

Yoga

Y Y Y Y Y Y Y

Y Y Y Y Y Y Y

y y y y y y y y

y y y y y y y y

Y

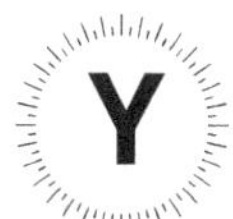

A B C D E F G H I J K L M N O P Q R S T U V W X **Y** Z

Y Y Y Y Y Y Y

Y Y Y Y Y Y Y

y y y y y y y

y y y y y y y

Y Y Y Y Y Y Y

Y Y Y Y Y Y Y

y y y y y y y

y y y y y y y

A B C D E F G H I J K L M N O P Q R S T U V W X **Y** Z

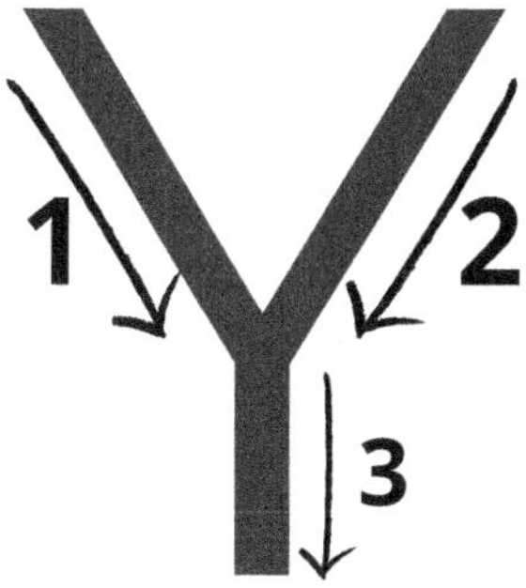

Yoyo

Yy

A B C D E F G H I J K L M N O P Q R S T U V W X **Y** Z

Zehn

Zehn

Z
Z
Z
Z

A B C D E F G H I J K L M N O P Q R S T U V W X Y **Z**

Z Z Z Z Z Z Z

Z Z Z Z Z Z Z

Z Z Z Z Z Z Z

Z Z Z Z Z Z Z

Z Z Z Z Z Z Z

Z Z Z Z Z Z Z

Z Z Z Z Z Z Z

Z Z Z Z Z Z Z

A B C D E F G H I J K L M N O P Q R S T U V W X Y **Z**

Zebra

Zebra

Zz

A B C D E F G H I J K L M N O P Q R S T U V W X Y **Z**

Ä ä

Mädchen

Mädchen

Ä

Ä

ä

ä

Ä Ö Ü

Ö ö

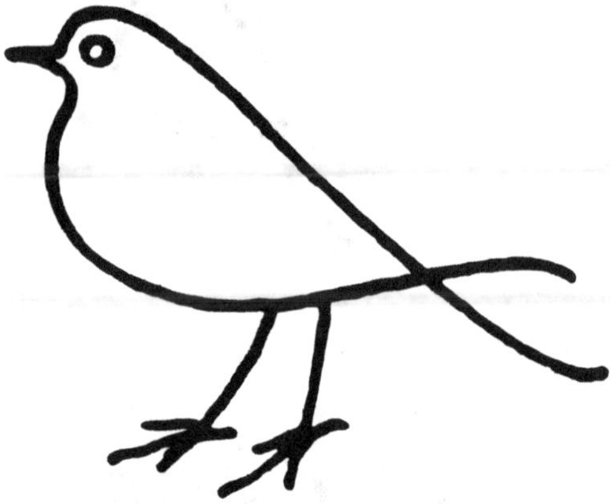

Vögel

Vögel

Ö Ö Ö Ö Ö Ö Ö

Ö Ö Ö Ö Ö Ö Ö

ö ö ö ö ö ö ö ö

ö ö ö ö ö ö ö ö

ö

Ä **Ö** Ü

Ü ü

Tür

Ä Ö **Ü**

Komm, lass uns spielen!

Komm, lass uns spielen!